激動の変革時代を
生き抜くための

介護事業所における営業力強化マニュアル

著者　株式会社日本経営　介護福祉コンサルティング部

NKGROUP　株式会社 日本経営

はじめに

　2017年10月26日、厚生労働省より2016年度の介護事業経営実態調査の結果が速報として出ましたが、その結果は想像していた以上に厳しいものでした。前年度の2015年度決算と比較すると収支差率では各介護サービスのうち半数以上が下落。その前年の2014年度決算までさかのぼると、福祉用具貸与など一部のサービスを除き、軒並み下落といった状況でした。

　そのような厳しい状況に畳み掛けるように、2018年度の介護報酬改定です。全体では0.54％のプラス改定とはなりましたが、基本報酬の部分では多くのサービスでマイナスとなり、改めて経営を見直す必要に迫られた事業所も多くあったのではないでしょうか。実際、弊社、株式会社日本経営は、医療福祉の業界に特化した経営コンサルティングのプロフェッショナルファームとして多くの医療介護の経営者より様々な相談を頂戴する立場にありますが、特にこの2018年度のダブル改定を機に、抜本的な経営改善に取り組まなければこの危機を乗り越えていけないという介護事業所の経営者からのご相談が格段に増加しました。過去に幾度も厳しい報酬改定はありましたが、そこに加えて昨今の介護職員の採用難なども重なり、まさに積み重ねのピークが今この時にきていると感じられているようです。

　確かに、介護報酬改定を含めた介護事業の外的要因は、厳しいものがあります。しかし一方で、このような状況をチャンスと捉

え、益々元気に収益を伸ばしている事業所が多くあることも事実です。では、そのような元気な事業所は何が異なるのでしょうか。他の事業所では成し得ないような圧倒的差別化を図れるサービスを作り上げたのでしょうか？

　私たちが多くの介護事業所と関わりを持つ中で感じていることは、結果を出している事業所であっても、決して画期的なアイデアや、圧倒的な質の差があるわけではありません。異なる点といえば他よりも少しだけ自身の行っているサービスに自信を持ち、地域で困っている方にもっと使ってもらいたいという意欲が旺盛で、そのために行動を起こせていること、だと考えられます。それはつまり、営業活動もしっかりと行っていることに他なりません。

　営業という言葉には、金儲け、利益追求といったイメージが付きまとい、特に介護事業の現場においてはタブー視されていたり、そこまでではなくとも、介護現場の業務に圧倒的な優先順位がつけられて常に後回しにされることが多くあります。しかし実際には、営業を行えている事業所の方が地域の多くのお年寄りの役に立ち、サービスの質も良好なことが多いようです。つまり、営業を行えていることこそが、地域のお年寄りを支えるという介護事業所の果たすべき役割の本質を担うものであり、報酬改定や社会情勢の変化の中でも地域に支持され、永続的に発展し続けることのできる事業所を作るためにも重要であると言えるのです。

本書は、弊社が経営課題を抱える多くの介護事業所に対し行ってきた支援のうち、特に営業活動の重要性について丁寧に説き、かつ具体的手法について伝えてきたものを体系立ててまとめたものになります。テーマこそ「営業力強化」となっていますが、その先に見据えるものは「地域に必要とされる事業所作り」です。
　本書を手にとった皆様が、一人でも多くのお年寄りの方に良いサービスを届けようと感じていただけたのであれば、これ以上の喜びはありません。

2018年5月
株式会社日本経営　介護福祉コンサルティング部

目次

はじめに …………………………………………………………… 3

第1章
営業力強化に向けて まず取り組むべきこと

1 自事業所の強みを明確にする …………… 11

1) 営業力を高める第一歩は
   自事業所の強みを明確にすることから ……… 12
2) 自事業所の強みを打ち出すための
   情報収集 …………………………………… 16
3) 自事業所から強みを掘り起こす ……………… 23
4) 強みは整理をして使いやすく ………………… 25

2 自事業所の周辺環境を知る ……………… 29

1) そもそもあなたの事業所の周りの
   「地域」とは ………………………………… 29
2) 地域の社会資源を整理し、理解する
   (地域ケアマップの活用) …………………… 31

3 「地域のお役立ち」につながる
コミュニケーション力の強化 ……………… 40

1) 営業が直面する上手くいかない
   営業活動 …………………………………… 40
2) 営業に対する考え方を変える ………………… 42
3) お役立ちに繋がるコミュニケーション ……… 48
4) シーン別のお役立ち営業のポイント ………… 54
5) 訪問時の工夫 ……………………………… 60

第2章
高齢者向け住宅における営業力強化各論

1 高齢者向け住宅における営業の仕組み ･･････ 63
   1) 高齢者向け住宅における営業活動の特徴 ･･････ 64

2 高齢者向け住宅の営業担当者のための施策各論 ･･････ 80
   1) 基本項目 ･･････ 80
   2) 高齢者向け住宅における営業の施策 ･･････ 84
   3) 契約率向上の施策 ･･････ 110

第3章
事業所・法人のイメージアップ戦略

1 広告宣伝物の制作手順と分析 ･･････ 131
   1) 広告宣伝物制作とは ･･････ 132
   2) チラシ宣伝の実施 ･･････ 133
   3) 映像制作の手順 ･･････ 151
   4) 自作での映像編集 ･･････ 159
   5) ホームページ制作 ･･････ 161

2 広告宣伝物の研究 ･･････ 169
   1) 「四不」不信・不要・不適・不急を排する ･･････ 169

第4章
施設経営者・管理者が採るべき管理施策

1 成果を出すために必要な業務管理について …173
- 1）先行管理の考え方 …174
- 2）事業所・チームの目標を立てる …178
- 3）顧客管理を行う …190

2 その他の施策：紹介会社の利用について …200
- 1）紹介会社とは …200
- 2）紹介会社利用時の手数料 …202

第5章
今だからこそ求められる介護事業所の「経営」

1 介護保険の動向と介護事業所の経営環境の変化 …203
- 1）最新の介護保険制度の動向 …204
- 2）介護サービスごとに異なる状況 …206

2 地域包括ケアシステムの中で求められる、介護事業の役割 …224
- 1）地域包括ケアシステムのあらまし …224
- 2）医療・介護のシームレスな連携とは …230
- 3）介護事業者が地域包括ケアシステムの中で求められているもの …238

第6章
介護事業所の営業力を高めるために必要な考え方

1 地域に必要とされる事業所となる……241
1) 地域包括ケアシステム……242
2) 地域包括ケアシステムの中で
   必要とされる仕組み……244
3) 介護サービスに求められる質……249
4) 営業活動は地域福祉を支える重要な活動……253
5) 地域における信頼関係の第一歩とは……257

2 営業力が強化されるために必要な考え方……261
1) 営業専門職を配置する……261
2) チーム全体の役割分担意識をもつ……263

おわりに……268

本書は医療福祉の業界に特化し経営コンサルティングを行ってきた弊社の視点から、介護事業所の経営者や営業マンを対象に、介護事業所における営業力強化のための考え方や施策をまとめたものになります。

　参考としての書籍であり、すべての介護事業所において営業力アップを保証するものではないことを予めご了承ください。

　なお、本書に記述されている数値や制度は2018年3月31日時点のものとしています。

第1章
営業力強化に向けて まず取り組むべきこと

1 自事業所の強みを明確にする

ポイント

●自事業所の強みを明確にしましょう

●自事業所が既に持っている強みを掘り起こしましょう

●内向きでなく、市場に受け入れられる強みにしましょう

1）営業力を高める第一歩は自事業所の強みを明確にすることから

　どのような商品を扱うにせよ、営業担当者はその商品がどのような強みを持っていて、他社の商品より自社の商品を使うほうにメリットが生じるのかを説明することができなければ、その商品を買ってもらうことはできません。

　介護事業に関しても同様で、自事業所にはどのような強みがあり、どのような点で同業他社と差別化が図られているのかが明確になっていなければ、営業担当者はお客様に何を強調して良いのか分からず、営業の仕事は困難を極めてしまいます。逆に言うとそれらが明確になり、営業ツールにもしっかりと分かりやすく反映されていれば、話すべき内容も明らかで会話も弾み、熱意をこめて話しやすくなります。

　各介護事業所において、営業担当者が自事業所の強みをしっかりと理解し、それを営業活動に生かすことができているところは多くないように感じられます。それどころか、サービスの主体者である介護職員やそれを束ねる事業所長ですらもそれらを正しく理解できていない様子で、「うちの事業所は特に強みと呼べるものがないから」と半ば諦めがちに仰る方も数多く見受けられます。それではとてもお客様に自事業所の良さを理解してもらい、他事業所を振りきってまで自事業所が選ばれるようになるなど、叶うはずもありません。

本当に強みと呼べるものがまったくなく、努力して強みとなり得る部分を作り出す必要がある事業所ももちろんあります。しかし、すべての事業所において必ずしもそうであるとは限りません。むしろ数多くの事業所では、スタッフの工夫や努力により強みとなるものを生み出せているにもかかわらず、自分たちではその良さに気付くことができず、日の目を見ずに埋もれてしまっていることが往々にしてあるのです。

　事業所では営業活動を始める前に自事業所の強みを明確にし、それをどう表現しどう売っていくのかという道筋が立てられなければなりません。そのためにもまず、自分たちの事業所では何が行われているのかを、いま一度振り返ってみましょう。

■自事業所の強みを明確にすることの メリット

- 多くの同業者の中から自事業所が選ばれるようになる（差別化になる）。
- ケアマネジャーにとって、サービスを利用者のニーズにマッチさせやすくなる。
- 営業担当者が自事業所について、ポイントを絞って説明しやすくなる。
- 営業担当者が自信を持ってトークを進められる。熱意が込められる。
- 広告宣伝物の訴求力が高まる（分かりやすくなる）。
- お客様にとって、ポジティヴな印象が先行しやすくなる。
- 悪いところを直すより、良いところを伸ばす方が職員のモチベー

ションに繋がりやすい。

などがあげられます。

■ケアマネジャー視点からの強みの メリット

居宅介護支援事業所のケアマネジャーにとって、ケアプラン作成時に利用者に必要なサービスとそれを実施する事業所を選択することは重要な役割です。

ケアマネジャーには、サービスの紹介時に特定の事業所に偏らず、公平な視点で配置をする義務があります。しかし、実際には地域の全介護事業所を常に把握し、満遍なく分配することは、1人の人間にとって事実上不可能と言えます。事実、ケアマネジャーの方に話をうかがうと、介護事業所の選択が必要な際、すぐに頭に思い浮かぶのはせいぜい10事業所程度とのことです。つまり、そのケアマネジャーの中でのトップ10に入らなければ選ばれることが難しい状況になります。これは、地域にいくつの競合事業所があるかにもよりますが、非常に厳しい競争を強いられていることになります。

しかし、これはあくまでも漠然と事業所の総合力で地域の競合事業所すべてと競った場合の話です。ここで、事業所の強みが明確になっていた場合に大きな差が生じてきます。

事業所の強みや受入れの対象となる利用者像（ターゲット）が明確になっている場合、ケアマネジャーにとって、それはジャンル分けのきっかけとなります。つまり、漠然と"良い"介護事業

所を数多くの競合事業所の中から選ぶのではなく、利用者のニーズに合った事業所を絞り込んでから選ぶことができるようになるのです。たとえば歩いて散歩に行きたいというニーズの利用者がいた際には、日常の歩行訓練プログラムの充実した事業所、利用後もお酒とタバコをたしなみたいというニーズがあれば、それらを支援してくれる事業所などのジャンル分けがされるのです。

ケアマネジャーの中で、ニーズにマッチしたジャンル分けがされるようになれば、素晴らしいことです。自事業所にとっての競合事業所が、地域の全事業所から、同じジャンルを強みに持つごく一部の事業所へとその数を大幅に減らすことができるからです。

地域の全事業所を相手取ってトップ10入りを目指すより、ごく一部の同ジャンル事業所の中でのトップ10入りを目指すほうが容易なことと言えます。しかも、自分の事業所の強みの打ち出しが、そのケアマネジャーの中でのジャンル分けを誘発したとすれば、なおさら自事業所が選ばれる可能性が高くなるのではないでしょうか。

つまり、強みを打ち出すことは、単に事業所の特徴を発信していくだけでなく、相手側にとっての選択の対象数を絞り込み、選んでもらいやすくする効果が期待できるようになるのです。

2）自事業所の強みを打ち出すための情報収集

では自事業所の強みを見つけ出すには、どのようにすれば良いのでしょうか。

以下に、自事業所の強みを打ち出すまでのプロセスを示します。

■周辺環境や自事業所内の情報

強みを見つけ出すための準備段階として、周辺環境や自事業所にかかわる情報収集をする必要があります。強みとは、必ずしも自事業所が絶対の自信を持って取り組んでいるサービスと直結しているとは限りません。むしろ、自分たちは一生懸命に取り組んではいるが、果たしてそれが評価されるべきものなのか、ずれた方向に進んでいないのか……そういった迷いの中で行っているケアの中にこそ、実は強みとなるものが潜んでいるケースも多くあるものです。

自事業所だけでなく、周辺環境の分析も重要です。地域包括ケアシステムの中で自事業所の強みを生かし、地域の社会資源として役割を担うためには、他の事業所が何をしているかという情報が不可欠になるためです。他事業所の情報収集によって、地域ニーズとして何が求められているのか、競合は何を実施し何をすれば差別化に繋がるのか、どの部分であれば補完し合い協力関係を結

ぶことができるのかなどを明らかにすることができるでしょう。いかに自身の強みを明らかにしたところで、地域の中で生かされるものでなければお年寄りのお役立ちには繋がらず、稼働率向上にも直結することはないのです。

　自事業所の情報収集をしようとした際、ただ闇雲に情報を集めてみても、必ずしも強みに直結していくとは限りません。まず、何のために、どのような情報を収集すべきか。そこをきちんと理解してから取り組むようにしましょう。情報収集とは、非常に手間と労力を必要とする作業です。ある程度の方向性をきちんと定めなければ、貴重な時間に大きなロスが生じる可能性があります。

　では、強みを打ち出していくために、どのようなデータを収集していくべきかを一例紹介します。

ケース：ネガティヴをポジティヴに捉える

　「皆様の事業所では、冬の温度調節に何を使っていますか？」そう聞くと、ほぼすべての事業所でエアコンやヒーターを入れており、ストーブが置いてあるところはごくごく少数派のようです。ですので、私たちがとあるお客様の介護老人保健施設にお伺いした際に、玄関から入ってすぐのスペースに"デン！"とだるまストーブが置いてある姿を見た時、まずは驚いたものでした。

　介護をする側にとって、ストーブの印象を聞いても、「危ない」「やけどが心配」「ご利用者へ目が離せない」など、ネガティヴな意見が圧倒的に多く聞かれるのではないでしょうか。事実、お伺いした

介護老人保健施設においても、「エアコンの効きが悪いのでやむなく使用してはいるものの、危ないので撤去したい」と考える職員が多数おられたとのことでした。

　ところが、よくよく見ると、ストーブの周りでは利用者が立ち止まって、手をかざしたり、暖をとったりしている姿が見かけられます。そして、ストーブの前に集まった利用者は、自然とお互いに会話をしていました。私たちには、これがとてもお年寄りにとってネガティヴな設備であるように見えませんでした。それどころか、ストーブが人の和を生み出す道具のように見えたものでした。

　お年寄りの自立支援を考え、お年寄りの使い慣れたもので生活をすることが機能向上に繋がるのであれば、昔ながらのストーブなどはその最たるものと言えるのではないでしょうか。よくよく考えれば、暖のあるところに人が集まり、人の和が生まれていきます。人は古来よりそうして、身内同士身を寄せ合って暮らしてきたはずなのです。それがどうして、お年寄りにとって害などと言えるのでしょうか。

　もちろん、危険を伴う設備であることは間違いありません。運用には十分にリスクマネジメントを検討する必要があります。しかし、それも程度の問題で、基本的にはどんな設備にも危険の要素があり、リスクマネジメントを講じる必要があります。決して、ストーブだけに突出して降りかかる問題ではないのです。そして、そのリスクを乗り越えた時、このだるまストーブには無限の可能性が秘められていると言えるのではないでしょうか。人の和を生み出す場であり、お汁粉でも温めればなおさらお年寄りに喜ばれる場となることでしょう。そうなった時、今までリスクで、ネガティヴだった設備が、最高のポジティヴ、この上ない事業所の強みとなり得ると言えるのです。

■加算の取得状況

　自事業所が市場の中でどの位置付けにあるのか、特にサービス面からの情報を収集しますが、その中でも使い勝手が良いのが介護報酬の加算項目取得の状況です。

　加算減算は単に収入の増減ではなく、事業所が良いサービス、手間のかかるサービスを取り入れた評価の結果です。加算を見て、市場との比較を行うことで、自分たちの事業所がどのあたりにいるのかを理解でき、強み弱みを把握することができるのです。

　しかし、あくまでも加算は比較のしやすい指針であっても、その事業所のサービスの質そのものを表したものではないことを理解していなければなりません。単なる収入増の手段として、条件だけを揃えて加算を算定している事業所と、あくまでも高品質のサービスを行った結果を評価する仕組みとして受け入れている事業所とでは、同じ加算が取れていたとしても根本的なサービスの質に大きな隔たりが生じます。

■利用者動向

　自事業所の周辺における利用者動向を把握します。

　人口分布、介護度別分布、同列サービスの利用率などを把握することで、地域のニーズがどこにあるかを知るきっかけとなります。情報収集は手間と時間を要しますが、専門家に依頼することで大幅に省略できます。

　なお、図1-1（P21）で示しているのは、65歳以上分布図と、自事業所の現在（もしくは過去）の利用者の住所の分布図を比較し

たものです。この比較により、今まではどの地域に特化して営業が行われていたか、今後どの地域に打って出ると効果的だと思われるかなどが見えてきます。

例えば、図1-1においては、上側の【65歳以上人口分布】図で、左上の隅のほうに濃い色がついている、つまり65歳以上の人口が密集している地域であることを示していますが、下側の【利用者分布】図で利用者が住んでいる地域は中央に寄っています。ここから、65歳以上の人口密集地からの集客が進んでいないことが読み取れ、まず優先的に営業を実施する先が明確になります。

一般的な情報は、インターネット上を探せば大抵の欲しい情報は入手できますが、まとまっておらず整理されていないことが多くあります。自分たちで行う情報収集に時間と手間をかけないように、専門家から情報を収集したり、専門ソフトを使用したりすることも効率的な選択肢になります。

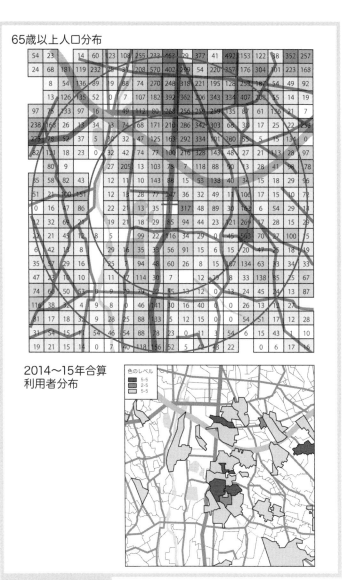

図1-1　利用者動向の図

■事業の実態把握

　自事業所の売上推移、稼働率状況、紹介元、退職率など、運営の実態を表す指標については可能な限り収集していきます。

　自事業所の傾向や課題がこのなかに含まれており、後の分析の際に役に立ちます。

■競合特徴調査

　競合他社の地域における分布や、それぞれのサービスの特徴などの情報を収集し、まとめます。

　ここからは地域のトレンドやニーズが見えてくるので、非常に重要なデータです。ウェブ上などからも収集できる情報ですが、上手に専門業者を使うことで時間の短縮に繋がります。

3）自事業所から強みを掘り起こす

■自事業所の強みとは何かを考える・見つける

●自事業所の強みを見つけるコツ

①他事業所の営業ツール（ホームページやパンフレットなど）を研究する

⇒他事業所が強調して打ち出していないもので、自事業所が行っていることがあると気付ければ、それが強みとなります。

②自分たちのケアを振り返る会議を開く

⇒事業所管理者と一般職員がひざを突き合わせて、ざっくばらんに事業所ケアの現状を語り合ったり、日々頑張っていることの報告ができたりする会議やディスカッションの場があれば、管理層が今まで気付かなかったものが見えてくることがあります。

③利用者が最も笑顔になる時を見つける

⇒自事業所の強みとは、自分たちで選び出すものではなく、利用者から選ばれるべきものです。それを聞きだす方法は、アンケートやインタビューではなく、笑顔の観察です。利用者の笑顔を最も見られる時や場所に、事業所の

強みがあります。

④自分たちの頑張っていることに一工夫加える癖をつける

⇒高いレベルで頑張ってはいたけれど強みとして打ち出すには当たり前すぎることだと思っていたケアについては、少し手を加えるだけでどこに打ち出しても自信が持てる取り組みに変貌する可能性があります。例えば、水分摂取の目標達成に力を入れているとすれば、目標達成した利用者に表彰状を渡します。手間をいとわずに利用者参加型の手作りおやつイベントを行っているのであれば、利用者を講師としたクッキングスタジオ形式に変えるなどです。

⑤経験豊富な方に見てもらう

⇒様々な事業所の様々な取り組みを見たことのある人に見てもらえれば、何が強みで、何にその可能性を秘めているか、もしくはどこを工夫すれば強みへと変貌していくかなどをアドバイスしてくれます。例えば、日々様々な事例に触れる機会の多いコンサルタントなどに意見を聞くことも、手っ取り早いひとつの方法です。

■情報を集約・分析し、事業所の強みを見出す

事業所の強みとなるべきものが見つかれば、事業所の方針としてそれを育て、伸ばしていくように取り組みながら、パンフレット、ホームページなどの広告媒体にもスペースを割いたり、また営業トークにも反映させたりします。

4）強みは整理をして使いやすく

■強みを打ち出しやすいように営業ファイルに落とし込む

営業ファイルに盛り込むべき内容

①事業所生活の紹介写真
- 季節の行事（節分、雛祭り、端午の節句、七夕、納涼会など）
- 食事風景
- 同好会活動、お出かけ、旅行
- 地域交流
- 教育研修風景など

②スタッフの写真
- 担当業務も記載し、利用後の安心を訴える
- 各スタッフの思いも添える
- 面接時のスタッフ・事業所長などとの集合写真など

③バックヤードや利用できる空間などの写真
- 厨房、事務所、機械室、洗濯室、ごみ収集室など

④日常生活のための「利用のしおり」
- 近隣のスーパー、クリニック、郵便局、銀行、レストランなど
- ごみ出し日、朝夕刊の受け取り場所、食事、浴場などの利

用時間など
- 同好会、共用設備の使い方、理美容、協力医療機関、水光熱費の負担など

　以上が、介護事業所の現在のところまでの強みを用いた営業ファイルの内容です。強みの内容はその時々で変化し、場合によっては取り急ぎ打ち出していくものもあるかもしれません。それを容易に差し替えていくことができるのが営業ファイルの強みであり、むしろ積極的に更新をしていくことで訪問回数が増え、より有効に活用することができるようになります。

　きちんとしたものができるまで営業に行かないではなく、まずは作って出してみて、反応をうかがいましょう。そうしてバージョンアップを繰り返し、良い資料としていけば良いのです。

■追加資料の作成

　営業ファイルの基礎的な部分を作成し、各訪問先にファイルを置けたら、次は追加資料を作成して持っていくというプロセスが必要です。一度訪問してそれっきりの資料ではなく、常に最新の情報が事業所内に保管してあり、必要な時にいつでも取り出して使うことのできる資料にしなければなりません。そのためには、常に内容の更新を行いバージョンアップするとともに、それを毎月、もしくは最低限3か月に1度くらいの頻度で訪問して、ファイルの更新作業を行わなければなりません。そうでなければ、せっかく置いたファイルは使われずにいずれ廃棄されるか、書庫のどこかにしまわれたまま忘れられてしまい、いざ必要となった際に

思い出してもらえない、ということになりかねません。

　追加資料の作成の考え方は、2種類あります。既存の資料の更新（差し替え）と、新規資料の差し込みです。前者については、とりあえずの資料を作成してお届けするというアクションを起こすことが大切で、その分更新が必要か否かは常に考え、更新していく必要があります。後者については、基本資料を補完する内容のものを付け足して、ファイルの内容を充実させることが目的となります。

　後者の追加ファイルの内容として相応しいと思われるのは、事業所の強みに沿った事例です。抽象的な内容である営業ファイルでは、設置先のケアマネジャーにとって我がことと感じられないものとなる可能性があります。その状況から、「自事業所のケースを紹介したい」と思ってもらうには、具体的な利用者とそのケアの過程と結果が明記された事例が補足されている必要があるのです。事例があれば、「このご利用者だったら、うちにも似たようなケースがあるわ」「具体的なイメージが湧くので頼みやすい」となり、紹介をされやすくなります。

　資料作成に当たっては、作成作業が大きな負担となり、資料が完成していないので訪問ができないという状況に陥ってしまうことがあります。

　それを避けるためには、作成が簡易でかつ効果の見込める資料を作成しなければなりません。資料作成が相談員の仕事であるのであれば、介護職員と相談員との協力体制の構築により「資料をまとめるのは相談員でも、事例のネタは介護職員から提供する」という形にしていく必要があります。そこで、「ケアサービスの強み」打ち出しシートなどを用いて、介護職員からの情報提供を

1　自事業所の強みを明確にする

促していきます。

　資料作成のゴールは、事業所の強みに沿った利用者ニーズをテーマとして掲げ、ニーズを叶えてもらうために事業所のどのようなサービスをどのようなやり方で提供したのか、それによりどのような効果が上がったのかを一枚にまとめたプレゼンテーションソフトなどで完成させることです。そのうえで、その資料の内容に沿った形での事例を介護職員に集めてもらい、毎月の提出などによりその事例が溜まっていくようにします。そうすることで、いざ資料を作成したい、すぐに持って行きたいと思った際に、事例の中から良いものを選びあらかじめ作成済みの資料に転記するだけで良いという状態を作り出すことができるのです。この作業が定着をすれば、おそらく資料作成は時間を要さず10分、15分と手を動かすだけで追加資料を作成できるようになります。

　また「ケアサービスの強み」打ち出しシートについても、介護職員の負担とならないようにせねばなりません。ヒヤリハット報告書のように高頻度で提出することを求めると、時間が経過するとともに滞ってしまいます。そのため、毎月各職員一枚、定例会の際に提出するなどの取り決めで行うことを推奨します。仮に職員10名の通所介護であるならば、それでも月に10件、年間120件の事例が集まることになります。それだけの事例があれば、たとえ毎月の資料作成を課していたとしても、それほどの負担とならないのではないでしょうか。

2 自事業所の周辺環境を知る

ポイント

●自事業所のある地域について知る努力をしましょう

●地域の社会資源を整理するために、地域ケアマップを作りましょう

●地域のお年寄りがどのような社会資源を必要としているかシミュレーションしましょう

1) そもそもあなたの事業所の周りの「地域」とは

　地域包括ケアシステムの理解についてはあらかじめ述べましたが、それをうまく活用し、本当に良いサービスを提供できる仕組みを作るのであれば、まずはその根幹を成す「地域」について理

解を深めなければなりません。

「地域」ということを考えた場合、その範囲はどこまでを指すのか、という疑問に行き着きます。市町村で区切るのか、距離なのか、契約いただいているお年寄りの住所なのか……。しかも厄介なのが、それが介護職員自身の住んでいる地域ではなく、勤務先である事業所の地域を指すので、身近な存在でなかったり、職員同士でも知っている度合いに差があったりして、事業所としての共通認識として「地域の理解」を深めることの難しさが感じられることと思います。

結論から言うと、やはり事業所にとっての地域とは、利用者となるお年寄りの住む環境のことになるので、契約をしているお年寄りがどこに住んでいるか、もしくはどこに住んでいたかによって異なります。今の利用者の状況を鑑みながら、事業所にとっての地域とはどの範囲を指すのか目処を立てる必要があるので、事業所の職員同士でもよく話し合いながら決めていくのが良いでしょう。

地域包括ケアシステムにおける「地域」は市町村単位で考えられるものなので、事業所で定めた「地域」と完全に一致することはありませんが、重要なのは「お年寄りに必要なサービスが、住み慣れた地域の身の回りの社会資源から得られること」です。

2）地域の社会資源を整理し、理解する
　　（地域ケアマップの活用）

■地域ケアマップとは

　自事業所の「地域」がどこにあたるかが分かれば、次に行わなければならないのはその地域を理解することになります。ここでは、地域ケアマップの作成という手法を通じて、地域、特に地域の特色や社会資源の活用を通じたお年寄りの暮らしの仕組みを理解する方法を解説します。

　地域ケアマップという響きから、地域の地図上にポイントが振ってある、どの場所にどのサービスがあるかを示したマップのようなものをイメージされるかもしれませんが、ここで述べているものは多少異なります。地域の社会資源を知るという意味では同じですが、ここでまとめているのは「位置」ではなく「機能」です。地域の中にどのような機能があり、お互いにどう作用しているのか、お年寄りは何を必要としてどこを頼りにしているのかなどについて、シミュレーションができるような相関図のことを指します。

　イメージとしては、あるお年寄り夫婦を中心に、生活を支える社会資源とは何であるかをサービスの内容ごとにまとめた図1-2（P32〜P33）のような形になります。

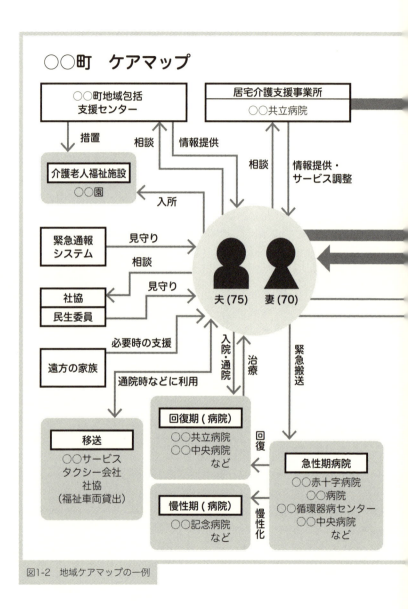

図1-2 地域ケアマップの一例

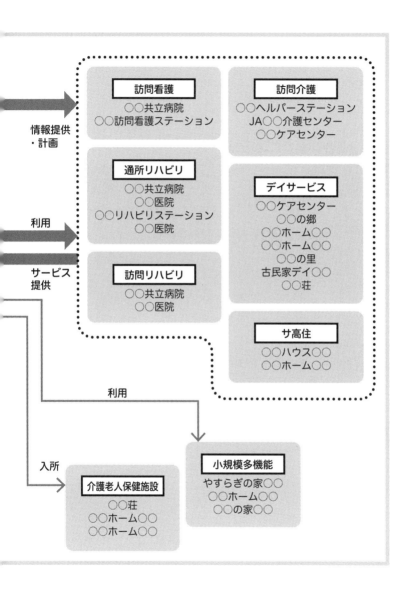

■地域ケアマップで理解できるもの

この地域ケアマップがあると、何が理解できるのか。それは次のようなものがあげられます。

①地域の社会資源の把握

自事業所の所属する地域にどのような社会資源があるのかを把握することができます。地域包括ケアシステム内の連携には必須の情報ですが、所属する職員にとって事業所は勤務先であり、自身の住む地域とは異なる場合が多いので、このような情報に疎い方も多いことが予測され、振り返りの機会として活用することができます。

ここでは、社会資源としての分類のほか、医療機関や介護事業所であれば具体的な事業所名も記載します（代表的なもののみ）。名称とともにその特色まで把握することができれば、自事業所と競合関係にある事業所、協業できそうな事業所という互いの関係性も把握することができるようになります。

②地域の社会資源同士の相関関係の把握

地域の社会資源同士が地域でどのような役割を担って存在しているかを、お年寄りも含めて矢印で結び合ってみると、自事業所以外の社会資源の理解を深めることができます。このことは非常に重要で、後述の地域包括ケアシステム運用シミュレーションができるようになることに加え、営業活動の際にも大いに役立ちます。それは、他事業所の紹介ができるようなる、ということです。

これからの営業活動では、窓口訪問の際には訪問先の持っているニーズを引き出し、それなら「私たちがお役に立てますよ」とお伝えすることで興味を持っていただけるように案内できるようになるというものです。しかし、この方法では当然ながら、自事業所（もしくは自法人）ではお役に立てないケースが出てくることもあり、非常に悩ましいものです。しかし、もし地域の社会資源の理解が深まっていれば、「自分たちではお役に立てないので、他を当たってください」と突き放すのではなく、「それなら、うちではお手伝いできませんが、〇〇という事業所ならぴったりのサービスがあると思いますよ」と紹介をすることができるようになるのです。

　地域包括ケアシステムの中では、このようにお互いの強みにニーズがマッチするように協力し合うことが大切ですが、それ以前に目の前で困っている方（紹介者）のニーズにその場で応じられることが非常に大きいと言えます。紹介者にとって、お年寄りの行き先を探す手間は膨大なもので、仮に営業員の紹介を鵜呑みにしなかったとしても、ニーズに対して真剣に考え、選択肢を提供してもらえたということは非常に助かるはずです。このようなことが繰り返されるうちに、「〇〇さんのところに相談すると、親身になってくれるし、何かしらアイデアをくれるので、また相談しよう」という気持ちになってもらいやすくなるのです。そしてもちろん、紹介された事業所もまた、競合だと思っていた先から紹介を受けると、こちらからも何かあったら紹介しよう、という姿勢に変わる可能性もあるのです。

③自事業所の地域内での存在感を予測することができる

　地域ケアマップは、最終的に地域のお年寄りの流れをシミュレーションすることで、より地域包括ケアシステムの理解を深めることができるようになります。シミュレーションとは、例えばお年寄りが怪我をした時、どの病院に入院し、退院してからどのようなルートを辿って自宅に戻ることができるのか、の流れを予測するものです。退院後、回復期のリハビリはどこで受けるか、介護サービスを受けるためには誰に相談するのか、介護サービスはどこから受けることになるのか、回復してきたらどこに引き継いでいくのか、在宅に戻ったらどのようなサービスが必要になるのかなど、漠然とではなく具体的な事業所名を追いながら、どのようなサービスや事業所が必要とされているか、もしくは必要とされていないかを予測することができるようになります。

　これを、脳梗塞、認知症、転倒骨折など色々なケースで追っていくと、自然と常に使われる事業所とそうでない事業所とが分けられるようになります。ここで大切なことは、自事業所がどちらの側に入っているかです。もし、何度シミュレーションをしてみても自事業所にお年寄りが回ってこないようであれば、それは地域にとって必要な事業所となり得ていないことになります。早急に対策を立て、地域にとって必要とされる事業所になるよう、取り組まなければなりません。

④自事業所の営業先が分かる

　シミュレーションをしていくと、お年寄りがどこから自事

業所に繋がれ、次はどこに繋いでいくべきかが分かるようになります。それはそのまま、自事業所にとっての重要な紹介元・紹介先であり、営業活動によって良い関係を築くべき先ということになります。このような重要な営業先が鮮明になることもまた、地域ケアマップの特徴と言えます。

■地域ケアマップの作り方

　地域ケアマップとは、情報整理のフレームのひとつです。その作り方にあって重要なことは、いかにしてその土台となる情報を収集するかということになります。

　地域ケアマップに必要な情報は、職員同士協力し合って収集することが望ましいでしょう。そのためには、情報収集のためのフレームもまた準備をして、手順に従って取り組んでもらうことが有効となります。

　収集する情報（フレームの設問）は、主に以下のようなものです。

①地域の自慢を地域特性も含め振り返ってください
②その地域の中でどのようなきっかけで事業所が設立されたのか、どのような想いで設立されたのかを想像してください
③地域の介護事業所の情報を整理してください（事業所数と代表的な事業所名）
　例：特別養護老人ホーム、通所介護、有料老人ホーム、居宅介護支援事業所など
④地域の行政機関の情報を整理してください（事業所数と代表的な事業所名）

例：市町村窓口、地域包括支援センター、民生委員など
⑤地域の医療機関の情報を整理してください（事業所数と代表的な事業所名）
　例：高度急性期病院、クリニック、医療療養病床など
⑥地域の地域活動の情報を整理してください（代表的な活動名）
　・「見守り・訪問」の活動
　・「居場所」の活動
　・「相談」の活動
　・「介護予防」の活動
　・その他の活動（イベント・研修等）

　これらの情報が揃えば、あとは大きめの紙に、図1-2（P32〜P33）を参照にそれぞれのサービスごとで場所を振り分けながら、具体的な事業所名も含めて記載していくと、地域ケアマップはでき上がります。ポイントは、その中心にお年寄り夫婦を配置し、お年寄りの周辺を社会資源が守っているという形を作り上げることです。

■シミュレーションの行い方

　シミュレーションは、お年寄りの変化の事例をいくつも準備し、それぞれについて地域の社会資源の役割を確かめることを目的として行います。
　例えば、ご主人が転倒で右大腿部頸部を骨折し、救急病院で手術をして、そのまま入院したとします。この方が自宅に帰りたいという要望を持っていた場合に今の入院先から退院したら、次は

どこに移るのかを考えます。利用者の退院が迫った際には、奥様や家族はどこに相談をし、介護サービスを開始するのか、退院後は老健なのか、直接自宅なのか、それぞれの場合は、どのような介護サービスを必要とするのか。最終的に自宅に戻れるようになるためには、どのようなルートを辿るのか、というように、一つひとつ回復の過程ごとにケアマップ上の事業所をなぞっていくことが、ここでいうシミュレーションの行い方になります。

3 「地域のお役立ち」につながる コミュニケーション力の強化

ポイント

- ●営業は「相手の役に立ちたい」という気持ちで臨みましょう

- ●営業では、相手が何を望んでいるかを聞く姿勢を持ちましょう

- ●相手の希望を知ることができたら、できるだけ速やかに解決策を提示しましょう

1）営業が直面する上手くいかない営業活動

　介護事業所の相談員やケアマネジャーなど営業担当者が、営業活動を苦手と感じる理由のひとつに、外回り営業を実際に行った際に経験した失敗や苦い記憶があるからという方も少なくないの

ではないでしょうか。

　以下に、営業担当者が直面しがちな場面の例をあげます。

■アポイント時

・電話をしてもアポイントを取れない。かといって飛び込みで訪問をすると露骨に嫌な顔をされた、もしくは受付やインターホンの時点で断られてしまった。

■訪問時

・空気が重い。会話が弾む雰囲気ではないので、すぐにパンフレットの説明に入ってしまい、一方的にこちらから話し続けている。説明が終わっても反応が薄いので、逃げるように立ち去るしかない。
・せっかく興味を持ってもらえても、「〇〇のサービス（自事業所にないサービス）があれば検討するのだけれど」と言われてしまい、言葉を濁して帰ってきてしまった。

■見学時

・明らかに自事業所のサービスを必要としているはずの方であっても、見学後になかなか成約に繋がらない。

2) 営業に対する考え方を変える

　前述した営業担当者の悩みは、限られた時間を有効に活用する必要があります。そのためには、コミュニケーション力そのものにも目を向け、伸ばしていくことを考えなければならないのです。
　「コミュニケーション力」と聞くと得手不得手があると敬遠される方も多いかと思いますが、こと営業の場面においては、それはちょっとした工夫、コツで克服することができます。
　ここでは、営業活動時に有効なコミュニケーションのコツについて、お伝えをしていきます。

　そもそも、皆様は何のためにわざわざ時間を割いて、外回りの営業活動に行くのでしょうか。事業所の利益を高めるためでしょうか。地域の利用者を引っ張ってくるためでしょうか。
　ここまで繰り返し述べてきましたが、皆様が営業活動を行うのは地域のお年寄りのお役立ちのためなのです。
　地域には様々な面で不便な思いをし、思い通りの生活を送ることのできないお年寄りがいらっしゃいます。その中には当然、皆様のサービスさえ使うことができたら、望み通りの生活を取り戻すことができるという方もいらっしゃいます。そのような方にとって、いちばん必要なことは情報です。望みの生活を取り戻すために「何が必要か」を正しく理解し、身近に存在することを知るこ

とができれば、当然使うことができるようになります。しかしそれを知ることができなければ、ニーズとずれたサービスを無理に使うことになり、時間ばかりを浪費して望まない生活を強要されることになります。

つまり、知ると知らないとでは、お年寄りが叶えられるニーズに大きな差が生じるということです。住み慣れた地域、住み慣れた家で、家族や親しい仲間と過ごすというささやかな願いが叶えられず、望まない生活を独りで強いられてしまうのです。お年寄りのお役に立つということは、それほど尊く大切なことだと言えるのです。

とはいえ、介護事業においては、お年寄りのために必要なサービスを組み立てるのは基本的にケアマネジャーの役割であり、お年寄りに必要な情報を選び伝達する機会を多く持っているのもまたケアマネジャーです。ということは、皆様がお年寄りのお役に立とうと思うのであれば、まずはケアマネジャーの役に立つことを行い、そのことを通じてお年寄りの役に立つことを心がけなければならないのです。

そのような意味で営業活動とは、ケアマネジャーがお年寄りのお役立ちに必要としている情報の提供や直接の手助けをすることで、間接的にお年寄りのお役立ちに繋げていくことを指すと言えるのです。

このような考え方が間接営業の基本であるので、外回りの営業訪問を行う際にはまず、「訪問先の担当者のお役に立ちたい」「訪問先の担当者は何を望んでいるのだろうか」という気持ちに立ち返って訪問をするという姿勢（考え方）を持つことが求められます。

3　「地域のお役立ち」につながるコミュニケーション力の強化

では、訪問先の担当者への「お役に立ちたい」という気持ち（考え方）が根底にあると、何が違うのでしょうか。

それはまず、営業を行う姿勢とその結果が大きく異なります。

自身のため（もしくは自事業所のため）に行われる営業活動では、自身の持つ商品（サービス）を使っていただくことが目的となるので、とにかく商品（サービス）のことを知っていただこうと売り込みの姿勢が前面に出されます。しかし、皆様もよくご存知のように、人は自分が必要と思わなければ、興味が湧くことはありません。興味のないことは、いくら丁寧な説明を受けても、右耳から左耳へ情報が抜けていくばかりです。しかも、訪問先の担当者はケアマネジャーにせよ、病院のMSW（Medical Social Worker、医療ソーシャルワーカー）にせよ、自分の貴重な業務の時間を割いてこの話を聞いています。つまり、興味のない話は役に立たないばかりか、自分の仕事の邪魔となる害悪にすらなるのです。そうして、結局は営業担当者が熱心に説明すればするほど、煙たがられ、挙句の果てに紹介をしてもらうどころかブラックリストに入れられ、地域での評判を下げることにすらなりかねないのです。

訪問先の担当者のお役に立ちたいという気持ちで営業活動に臨む場合は、訪問先の担当者が何に困っているのか、何に興味があるのかなどを知らなければなりません。つまり、売り込みではなく「聞く」という姿勢から臨むようになります。そもそもなぜ訪問先の担当者のお役に立ちたい気持ちになるかというと、好意・興味があるからです。好意・興味を持って相手を見るからこそ、相手のことを知ろうとし、理解が深まり、お役に立ちたいと思うようになるのです。

こちらが訪問先の担当者に好意・興味を持って話を聞くようになると、訪問先の担当者はそれに応えようとしてくれます。もちろん、初めから壁があり、そのようにならない方もいますが、そのことはあまり関係がありません。皆様は、訪問先の担当者に興味を抱いて、お役に立ちたいと思ったから知りたいことを聞いただけですので、それに応えてもらえないのであれば仕方のないことです。ただ、たいていの人は自身に好意・興味を持ってくれる人に対して悪い感情を抱かないものです。好意・興味のままに扉をノックし続ければ、いつかは扉を開いてくれる日が来ることでしょう。

こちらの質問に対し、訪問先の担当者が応えてくれたら、そこからがコミュニケーションの始まりです。訪問先の担当者に好意・興味のある皆様は、訪問先の担当者が話される内容にも関心があります。関心のある言葉は、納得できる話であれば「そうですね」と大きくうなずき、納得できない話であっても「そういう考え方もあるのですね」とむしろより関心が生まれます。そのようにして好意・興味を持って聞く姿勢を持てば、訪問先の担当者は気持ちよく話すことができるようになります。その結果信頼も高まり、より本音で話をしてくれるようになります。そうなれば、「貴重な時間を割かれた」とは思っていないはずです。なぜなら訪問先の担当者は、自らの意思でいつでもこの会話を止めることができるにもかかわらず、そうせずに自らの意思で話をしているからです。つまり、初対面であっても、突然の訪問であっても、このような形になれば、訪問先の担当者が嫌がっていないかなどと気を回す必要はなくなります。極端に言えば、訪問先の担当者が話している限り、時間はいくらでも費やすことができるのです（とは

3 「地域のお役立ち」につながるコミュニケーション力の強化

いえ、こちらからあらかじめ訪問先の担当者の都合に合わせて時間を区切り、切り上げるのが気遣いというものですが)。

訪問先の担当者も皆様に好意・興味を持つようになり、信頼して今何を必要としていて、どうしたいのかという本音や本音に近いことを話してもらいやすくなります。そうすれば、こちらから必死に売り込みをするまでもなく、「それが必要なら私たちがお役に立てますよ」と望まれるままにこちらの商品（サービス）を差し出すことができるようになるのです。もちろん、訪問先の担当者の望まれる内容が、自事業所のサービスでは解決できないとしても、単に必要なサービスを持っている他事業所を紹介すれば良いだけの話なのです。これも、訪問先の担当者へのお役立ちという観点からすれば当たり前のことと言えるのです。

つまり、お役立ちの観点があるかないかで、訪問先の担当者に嫌がられながら無理にこちらの価値観を押し付けるのか、訪問先の担当者の必要とされるものを請われて出すようになるのかというくらい大きな差が生じてくると言えるのです。

ここまでの内容をまとめてみます。
・営業の本質は、「売る」のではなく「利用してもらう」ことである。
・人は、自分の思った通りにしか動かない。
　思う⇒考える⇒行動⇒結果
・営業活動とは、相手へのお役立ちの気持ちで臨むものである。
・お役立ちとは、相手への好意・興味から始まる。
・相手への好意・興味があると、共感を持って話を聞くことができる。
・共感を持つと、相手からも好意・興味を持たれやすくなる。

・相手から好意・興味を持っていただくと、より本音で話してもらいやすくなる。
・本音の中から真の欲求が聞けるようになれば、こちらもお役立ちできることが明確になる。

　訪問先の担当者へのお役立ち営業に切り替えることができれば、この段階においても、すでに訪問営業は格段に行いやすくなっているのではないでしょうか。
　ここからはさらに掘り下げて、相手の興味関心を明確にし、自事業所のサービスが本当に必要であることに気付いてもらうプロセスに言及します。

3）お役立ちに繋がるコミュニケーション

お役立ちに繋がるコミュニケーションとは、3つの段階に分かれていると言えます。それは(1)好感を持たれる、(2)質問する、(3)共感する、という段階です。この3つの段階をループすることにより、訪問先の担当者はこちらに興味を抱き、信頼して自身の本音に近いことを話してくださるようになります。

(1) 好感を持たれる

コミュニケーションは、好感を持たれることから始めなければなりません。好感を持てないということは、警戒の気持ちが大きいということですので、そのような状態からのコミュニケーションに本音を求めるのは難しいことがお分かりかと思います。特に相手が初めてお会いする方である場合、第一印象で相手の大方の人物像を固めてしまうと言います。つまり、外回りの訪問を行う営業担当者は、まずは第一印象から良くするように、身だしなみや振る舞いを整える必要があります。

身だしなみは、当然清潔感の感じられるものでなければなりません。その上で、振る舞いとして笑顔があり、声のトーンは明るく、背筋が伸び、真摯な態度で臨むといった工夫が必要です。加えて、介護事業所の営業の場合、何を着るかという点でも気を遣

う必要があります。よくあるケースとして、ユニフォームのまま営業を行う方がいらっしゃいますが、それはあまりお勧めできません。介護のユニフォームはいわば作業着ですので、たとえ清潔にしていると自信があったとしても、訪問先の担当者の目にどう映っているかは不明です。例えば、皆様が営業を受ける立場として、上下つなぎを着た方とスーツを着た方とで、同じ印象を抱くでしょうか。

相手の目線に立ち、物事を客観的に捉える工夫が、ここでは必要となります。

(2) 質問する

質問はお役立ち営業の肝となる部分です。売り込むのではなく、訪問先の担当者のお役立ちのために必要なことを知りたいという思いから質問をしていくのが、お役立ち営業の基本的な取り組みとなります。

質問は訪問先の担当者に興味を持ち、聞きたいことを聞くことが基本となります。もしその先に、自事業所のサービスを使ってお役立ちに繋げたいという思いがあるならば、質問の中から現状の課題を聞き出し、その解決に自事業所のサービスの提案ができる流れになるような質問がより良いと言えます。

では、どのようにすれば訪問先の担当者の課題を明らかにする質問ができるのでしょうか。

人が課題を感じる状況とは、自身が理想とする姿、目指すべき状態が明確にあり、そこに対して現実はそうなっていない、ギャップが生じている場合になります。その、理想と現実とのギャップ

こそが課題であり、そのギャップを埋めたいと思うことが欲求、ギャップを埋めようとして取り組むことが解決策になります。つまり、訪問先の担当者の課題を明らかにするということは、理想の姿と現状を認識していただき、そのギャップを感じていただくということになります。具体的には、以下のような順で質問を行っていくことが求められます。

①現状（状況・気持ち）を確認する

まずは現状がどのような状態か確認するところから始まります。「今、お困りのことがありますか？」「今日はなぜ、私とお会いいただけたのでしょうか」といったように、現状で困っていて、できれば話を聞いてほしいと思っているようなことがないかを確認します。

純粋にお会いした相手のことに興味を持ち、その人個人のことに触れることも良いことです。お互いを知ることが親しみを感じる第一歩ですし、個人の思いの先に仕事に対する欲求が生まれるものだからです。

②理想の姿を確認する

理想の姿とは、ここでは「こうありたい」「こうしてあげたい」「これがあれば良い」などの欲求のことを指します。特にケアマネジャーの場合、個人の理想ではなくても、「このケースの方には本当はここまでしてあげたい」という欲求も含まれます。

質問の中では、「ご自身として、本当はどうしたいと思っていますか？」「どのような姿が理想的と感じますか？」など、

ご自身の目指す先に何があるのか、それをどう感じているのかについて聞くことが求められます。

③課題と解決策を確認する

　理想と現実の差を感じると、それが課題となって表出し、どうすれば解決できるかについて考えるようになります。お役立ち営業で肝心なことは、訪問先の担当者が普段は感じることのできていなかったこの「課題」に気付いてもらい、それを解決する道筋をつけることです。それこそが、訪問先の担当者にとっての真のお役立ちであり、その課題解決の手段として自事業所のサービスを自信を持ってお勧めすることこそが、営業の本来の姿であると言えるのです。

　質問の中では、「今、何があれば理想に近づくと思いますか？」「実施してみたいと思うことはありますか？」「現状を解決するのに何が必要だと思いますか？」など、課題解決の方法をご自身の言葉で表していただくような聞き方をすると、より効果的です。

④提案する

　ここまでの流れで、もし訪問先の担当者が現状と理想のギャップに気付き、何があればそれが解決できるのか、解決する方法があれば是非活用してみたいと思う状況になれば、ここで初めて、提案をするという段階に入ります。裏を返せば、このような状態にならないうちは、どのような丁寧な提案をしたとしても、訪問先の担当者が「欲しい」「興味がある」と思っていないので、耳の中を素通りしてしまうことになり

ます。

　この時点では訪問先の担当者は皆様の話すことに大変興味を持っているはずですので、ここまででまとめてきた強みや特長を分かりやすく説明することができれば、必ず思いは伝わることでしょう。また、出てきたものが自事業所のサービスでは解決できない課題だとすれば、それは他事業所に速やかに繋いでいきましょう。

（3）共感する

　共感は、訪問先の担当者に気持ちよく話をしてもらうためのコツです。ロジャースの来談者中心療法が参考になりますが、肝心なことは話をしている相手が、自身のことを受容してもらえているという気持ちになることです。自身がこの場で受け入れてもらえていると感じることができれば、気持ちよく話を続けやすくなります。

　共感に必要なことは、話をよく聞いているという姿勢です。すこし前傾気味の姿勢で、真っ直ぐ相手の目を見て、話されたことには大きくうなずくことで共感の意を示します。自分の話をそのような姿勢で聞いてもらえれば、もっと話を聞いてもらおうと、いろいろな話をするようになるはずです。

　共感で気を付けなければならないのは、否定をしないこと、聞き手の解釈に当てはめないことです。

　否定をするということは、受容と反対の行為ですので、気持ちよく話をすることを妨げることに繋がります。訪問先の担当者の話す内容によっては、反社会的であったり、聞き手の価値観と大

きく乖離するようなことであったりしますので、否定をしたくなることも往々にしてあります。しかし、この場で必要なことは相手の考えを正しく導くことではなく、どのような考えを持っているかを知ることですので、どのような意見が出たとしても、受容をするよう心がけてください。その場合の受け答えのコツは、「そうお考えなのですね」「そのようなご意見もあるのですね」と多様な意見を受け入れる姿勢を見せることです。

聞き手の解釈に当てはめて理解を求めることも危険です。「それはつまりこういうことですよね」と聞き手が良かれと思って返したことが、訪問先の担当者にはまったく響かず、「伝わっていない」と感じられてしまう可能性があります。うなずきや目配せで共感の意を示し、すぐに次の質問へと移ることが、この場では求められます。

良い共感をすれば、訪問先の担当者は聞き手に対して好感を持つことになります。つまり（1）に戻りますので、そこからまた質問をし、訪問先の担当者の思っていることを話してもらい、共感する……を繰り返し、訪問先の担当者の欲求を高めていくように取り組んでください。

4）シーン別のお役立ち営業のポイント

　介護事業における営業活動は、いくつかのシーンに分かれます。それぞれのシーンによって、お役立ち営業の流れは多少異なりますので、そのシーンごとの工夫を以下に示していきます。

■アポイント段階

　介護事業における窓口営業の場合、アポイントなしで飛び込み訪問をすることは珍しくありません。地域の限られた訪問先について、万が一断られてしまっては営業先がなくなってしまいますし、アポイントを取っても現場の状況次第では訪問できなくなるという危険性があります。しかし、アポイントを取れてから訪問する方が良いことには間違いありません。訪問先の担当者の予定が立ちやすく、こちらも無駄足を踏む必要がなくなるからです。

　アポイントがうまくいかない例としては、訪問先の担当者が電話を切ってしまえば逃げられるという状況から、反論や逃げ口上を重ねられて訪問の予定をいただくまでに至らないということがあります。しかし、皆様は訪問先の担当者のお役立ちをしたいために電話をしているので、そこで無理に逆転しようと考えるのではなく、そのように逃げ口上を言う理由は何であるのか、何がそうさせてしまっているのか、そのような方にお役立ちができる方

法はないかということを考え、伝えていくことが大切になります。

つまり、アポイントの段階からしっかりと共感し、訪問先の担当者のニーズを確認しながら話を進めることが必要です。そこで、訪問先の担当者が皆様に興味を持ち、「会ってみたい」と思われることで、アポイントをいただけると考える必要があります。もし、「時間がないので……」「そのような話は間に合っているので……」と逃げ口上を言われたとしても、しっかりと共感し、なぜそのように断ろうとしてしまうのかということに興味を持ち、「なぜそのように思うのですか？」と素直に聞くことが必要となります。そこから話を聞くことができれば、「ぜひ、そのように時間のない方にこそ、お役に立てると思います」と提案ができるようになります。

アポイント段階でのコミュニケーションに必要なコツは、次のようなものがあります。

・アポイント段階でも訪問先の担当者のお役に立つという姿勢が求められます。
・アポイント電話は「お会いすること」が目的ではありません。
・アポイント電話でもコミュニケーションを大切にすること。
・訪問先の担当者に「会ってみたい」「好感が持てる」と思われていますか。

■アプローチ段階

アプローチの段階、すなわち直接窓口へ訪問をした段階でのコミュニケーションは、訪問先の担当者の欲求を引き出すのに最も

重要なタイミングとなります。

この段階では、先方から「何ができるの？」「料金は？」と矢継ぎ早に質問を浴びせられ、都度こちらが応じるという形になることも多くありますが、それでは先方のお役立ちに直結する情報を得ることは困難です。必要な質問には答えつつ、タイミングを見てこちらから先方の欲求を引き出す質問をしていかなければなりません。

ここで必要なことは、訪問先の担当者が自身の欲求に気付き、その気持ちが高まることです。ここまでで繰り返し述べてきたように、質問を中心としたアプローチを行うことにより、訪問先の担当者の欲求を明確にすることができ、欲求を実現するために必要な課題に自ら気付いていただけるようになります。

■プレゼンテーション段階

プレゼンテーション段階は、訪問先の担当者の高まった欲求への解決策を提案する段階となります。大切なのは、ここでも売り込むのではなく、利用してもらうという意識を持つことです。つまり、コミュニケーションを取りながら、段階的に思いを伝えていく。訪問先の担当者の困っていることをよく知り、それに役立つこととは何かということを常に意識しながら提案をしていく。必ず訪問先の担当者のお役に立つのだという信念がなければ、それは伝わらないことを理解しなければなりません。

なお、プレゼンテーション段階でのコミュニケーションのコツは、次の通りです。

- プレゼンテーションに入る前に、今まで思っておられた課題、欲求について、思い出していただきます。
- コミュニケーションをとりながら、プレゼンテーションを進めます。訪問先の担当者の表情を見て、質問にも丁寧に応えていきます。訪問先の担当者の欲求や伝えたいことを確認しながら進めていくとさらに良いでしょう。
- 訪問先の担当者にとってのメリットを具体的に示すことが必要です。自事業所のサービスが訪問先の担当者やそのお客様にとってどのようにお役に立つのか、今抱えている課題をどう解決していけるのかを明確に伝えていくことができなければ、訪問先の担当者の興味は薄れていくことを理解しなければなりません。

■クロージング段階

　クロージングとは、最終決断をしてもらう際の確認のことです。クロージングのタイミングを誤ると、訪問先の担当者の気持ちが高まっていたとしても最終決断に至らないことは多くあり、非常に重要な段階であると言えます。

　訪問先の担当者が本当に自施設のサービスを必要と結論付いていなければ、クロージングを行ってもかわされてしまいます。こちらが売ろうという意識が高ければ、その微妙なタイミングを見定めることはできません。しかし、訪問先の担当者の言葉に耳を傾けることができれば、本当に必要という気持ちが高まったタイミングを感じることは難しいことではありません。

　クロージングにおけるコツについては、次のようなものがあげ

られます。

- テストクロージングをすることが望ましいです。プレゼンテーション段階のあと、まず「こちらについてどう思いますか？」「この話をどのように感じますか？」と感じたことを素直に表現いただき、この時点での相手の思いを聞き出すとともに、当然ここでも共感をして、先方がさらに話しやすくなるように繋げていきます。
- ここでポジティブな反応が見られるようであれば、クロージングに向けて気持ちを高めていく段階に入ります。「なぜそう思いますか？」「具体的にはどのようなことですか？」と思いの深堀をし、漠然とした思いを、具体性を伴ったイメージに転換してもらいます。そうすると、先方はあらためて、今聞いたサービスが自分にとって必要なことなのだと再認識することに繋がります。
- 逆にここでネガティブな反応が見られるようであれば、先方の気持ちが高まっていないうちにプレゼンテーションをしてしまったか、プレゼンテーションの内容が期待したものに沿わなかったか、のどちらかである可能性が高いです。いずれにせよ、この場のみで先方の気持ちを高め、自施設のサービスを利用する決断にまで繋げることは困難ですので、出直しが必要です。しかしそれでも、「なぜそう思いますか？」「具体的にはどのようなことですか？」と思いを掘り下げ、本当は何を必要とされていたかを再確認することが、次に繋がります。
- 先方の気持ちが高まっていても、あとから不安になり、結局

お断りになることも少なくありません。そのようなリスクを軽減しておくために、気になること、質問事項はしっかりと確認し、不安要素を取り除いておく必要があります。
・何も質問がない、十分に納得したことが確認できてから、初めてクロージングとなります。「それでは、お話を進めさせていただいてもよろしいでしょうか」などと落ち着いた態度で切り出していくことが必要となります。

5）訪問時の工夫

そのほか訪問時の工夫としてできることをいくつかあげていきます。

■目的を伝える

窓口へ訪問をした際、挨拶に続いて、まずは訪問の目的を伝え、どのくらいお時間をいただけるか、話をさせていただく場所はこちらでよいかを聞くことは、先方に安心して話をしてもらう環境づくりとして必要です。「この人は何をしに来たのだろう」「いつまでいるのだろう」と気になってしまっては、話に集中することはできません。また、ここで話をしてよいかと聞き、「よい」、もしくは「別の場所で」と案内されたとしても、その場で話をしてよいという許可を出した心理状態になりますので、話を続けやすくなります。

目的を伝える際には、「本日はご挨拶もかねて、近隣の皆様の状況をお聞かせいただけないかと思い、お伺いをさせていただきました」などと伝えます。例えばアポイントなしで訪問をしなければならない場合でも、この「ご挨拶に伺いました」という言葉は有効です。「施設の案内にきました」と言って訪問するよりも、よほど受け入れてもらえる可能性が高まります。

■訪問先の担当者の時間と場所を聞く

　会話の前に、「本日のお時間は大丈夫ですか」「こちら（この場所）でお話をさせていただいてもよろしいでしょうか」と、時間と場所を聞くことが親切ですし、訪問先の担当者の意思でコミュニケーションを取る時間と場所を指定いただけるので、初めから邪険にされる可能性が少なくなります。

■声のトーンを下げる

　営業活動というと、とにかく明るく元気よく勢いで訪問するようなイメージがある方も多いかと思います。確かに、暗いよりは明るく元気な方が良いのですが、訪問先の担当者とじっくりコミュニケーションを取り、お役立ちに繋がる耳寄りな情報をお伝えしようとする際に、勢いと大きな声はむしろ妨げになります。どちらかと言えば、声のトーンは落とし気味にして、訪問先の担当者との距離を縮め、じっくりと話をしようとする姿勢を持つことが重要となります。

第2章
高齢者向け住宅における営業力強化各論

1 高齢者向け住宅における営業の仕組み

ポイント

●自事業所のポジショニング（他事業所との違い）を明確にしましょう

●お年寄りが介護事業所に何を望んでいるかを理解しましょう

●お年寄りのお役に立つ方法をお伝えする手段が営業であることを理解しましょう

1）高齢者向け住宅における営業活動の特徴

■お年寄りの特徴

　ここからは、主に高齢者向け住宅等入所系介護事業所における営業力を高めていくための考え方や具体的手法について述べていきます。

　入所系介護事業所における営業活動を考える際にも、避けて通ることができないのが利用者となるお年寄りのニーズを把握することです。言い換えると、お年寄りは何を考え、何を求めているかということに思いを馳せなければなりません。

　なぜ、ことさらにこのような当然と思われる考え方を振り返るのか。それは、高齢者向け住宅では特に、設備や環境に力点が傾きがちで、利用者のニーズの本質に辿り着いていない例が多いように感じられるからです。

　高齢者向け住宅の入居を検討している方が、どのようなことを考えているのか、以下にその一例を示します。

・食事を作るなど、煩わしい家事から解放されたい
・子どもに気を遣わせずに済む場所に住みたい
・家では家族や近所との人間関係がうまくいかなかった
・病気や怪我にいち早く気付いてもらいたい

・家では一人で寂しいので
・家ではやりたくてもできなかった事があったので
・楽しそうなイベントがたくさんあると聞いて
・火の始末や体調の急変など、一人暮らしでは心配なので

　お気づきのように、そこで求められているのは、単なる「住まい」という考え方ではありません。そこに住むことで何ができるのか、何が叶えられるのか、そういった住んでからの暮らし方こそ真に求められていることなのです。

　求めているのは、安心・安全・安楽・快適・快楽を求める暮らし方です。

　つまり、高齢者向け住宅という「物件」の購入（賃貸）を検討している方であったとしても、その本質は部屋を買う（借りる）ことにはなく、そこでの暮らし方を求めていると言えるのです。

　介護事業所における稼働率の向上を考えることは、利用者の実数を増やしていくことに他なりません。利用者の数を増やそうとするのであれば、新しいお年寄りに来ていただくか、既に利用されているお年寄りに留まっていただくという二つの考え方を同時に進めていかなければなりません。これはつまり、稼働率向上には集客活動と入院防止策の二本の柱があり、お互いが車の両輪のようにバランスを保ちながら成り立っていると言い換えることができるのです。

　集客活動と入院防止策について、ここではひとまず集客活動にスポットを当ててその内容を紐解いていきたいと思います。

　集客活動すなわち営業活動とは、その本質において大きく分類

すると、「直接営業」と「間接営業」に分けることができます。

　介護事業所の利用者層にあたるお年寄りの方々に対し、ダイレクトに利用を訴えかけたり、広告宣伝やテレビ番組などを見ていただいたりすることで直接購買意欲を高めるような働きかけをすることを「直接営業」と呼びます。一方、購買層に当たる方々が信頼している人（営業側からすると紹介者）に対して自施設の設備やサービスの良さを知ってもらい、いざ介護の件で困ってその方に相談を持ちかけた時に私たちの事業所を紹介してもらえるような土台を積み上げる営業方法を「間接営業」と呼びます。

　特に介護事業所の場合、ケアプラン作成時にサービスの選択も行われることになります。ケアマネジャーは、大原則としては公平、中立の立場でサービスの選択は行われることになっていますが、それでも同じ法人内にあるサービスや、自身にとって印象の良いサービスなどから優先的に選択されることがあったとしても、人間の行うこととしては無理からぬことであると言えるのです。もし、ケアマネジャーにとって法人外事業者としての立場で、その際の持つ一握りの選択肢に入り込んでいこうと考えるのであれば、そこに辿り着くまでに大変厳しい道のりを歩まねばならないことは想像に難くないことです。

　利用者に満足してもらえる優れた事業所をつくり、それをケアマネジャーに正しく理解してもらえるように伝わりやすい表現で案内をし、いざという時に相談を受けやすい関係作りをしておきます。ケアマネジャーに選ばれるためには、しっかりとした間接営業の積み重ねが求められてくるのです。

■自事業所の位置づけ（ポジショニング）を知る

特に「設備の質」という要素が強く絡んで価格帯に大きな違いが生じている高齢者向け住宅系の介護サービスにおいては、お年寄りからの事前期待を読み外してしまうと、顧客満足度に反映されないばかりか、下手をすると大きなクレームに発展することすら珍しくありません。

では、介護事業所に求められる事前期待とはどのようなものなのでしょうか。

もちろん、それは個人によって異なるものであり、複雑かつ多岐に渡ります。特に日本の高度成長期を経験してきた団塊の世代の消費ニーズは、十把ひとからげではとてもまとめられるものではないのですが、仮にそのことを差し引いたとしても、お年寄りやその家族が介護事業所に望む機能やサービスというものは多岐に渡るものです。

ここではその一部でも理解し、自分たちの商品の位置付けをいま一度振り返るきっかけとするために、高齢者向け住宅商品を一例として、そこに期待されている内容についてジャンルごとに振り分けたものを掲載します（図2-1：P68）。

サービスの基本	代行サービス
・自立支援、介護予防 ・介護保険の申請 ・24時間介護看護 ・医療と介護の連携	・行政手続き代行 ・通信、郵便手段の確保 ・金融機関の利用支援 ・理美容、洗濯、宅急便、買い物

健康管理	住環境の充実	人間関係
・健康状態の把握 ・慢性疾患の管理 ・投薬の管理 ・早期発見と対応	・整理、整頓、清潔、清掃 ・設備の安全確保 　（修理・点検） ・緊急通報の設備、仕組み	・身近な相談相手 ・新しい人間関係 ・共用設備の活用

安心・安全	食事の質
・治安、防災 ・経済力に合った生活 ・看取り、葬儀の相談	・バラエティに富んだメニュー ・温かい食事 ・軟食、体調への対応

個々のニーズ対応	医療サービス
・個別サービス計画書 ・生活リハビリ、レクリエーション ・心から楽しめるイベント	・協力病院との連携 ・通院、入退院支援 ・在宅医療機関との連携

図2-1　介護施設・高齢者向け住宅商品に期待されている内容

　これだけを見ても、高齢者向け住宅が単なる住まいとしたものを求められているのではないことが分かります。

　また、サービスは項目だけではなく、その質の部分まで問われることは言うまでもありません。特に介護保険サービスと比して高額な費用を必要とする高所得層向けの高齢者向け住宅においては、そのサービスへの期待度は極めて高いと言えます。

次の図2-2は、期待を上回るサービスの価値レベルとはどういったものかについて、簡単にまとめたものになります。

	食事	入浴	排泄
●予想外価値 まったく予想外で期待を大きく上回るもの	アルコールが飲める	綺麗な景色を見ながら浸かれる	自然排便で便秘にならない
●願望価値 あれば嬉しいサービスだが、期待はしていなかったもの	好きなものを選択できる	好きな時間に入ることができる	排泄をしたい時にすぐに行ける
●期待価値 お金を払ったのだから、期待しても良いと思わせるもの	好きな時間に食べられる	個浴に入ることができる	トイレに座ることができる
●基本価値 最低限のサービスとして当たり前に受けられるべきもの	食事を摂ることができる	入浴をすることができる	排泄をすることができる

左軸：高 ← 喜びや感動を受ける価値レベル → 低

今のサービスを分析し、今行っているサービスがどのレベルにあるのか、今後どこまでのサービスレベルを目指していくのかを設定していきます。

図2-2　顧客の価値レベル

■提供商品のポジショニング

では、これを踏まえたうえで、いま一度自分たちの持つ商品の特徴を振り返り、何をもってお年寄りのニーズに応えていけるのか、どこまでのものを応えていけばいいのか、その正当な対価としてどの程度の金額をいただくことが可能となるのかを検討してみます。ここでは引き続き高齢者向け住宅系介護サービスを例に取り、考察を深めてみます。

まず、高齢者向け住宅とはどのようなものを指すのか、それを種別ごとにまとめたものを以下に書き示します。

図2-3　主な高齢者向け住宅の特徴と役割

従来型 特別養護老人ホーム	2002年以前の基準で建てられた特別養護老人ホーム。4人部屋が基本となっている。価格が安価であるため、未だに重宝されている施設も多い。食事や排泄の介助などの介護サービスを中心に提供する特別養護老人ホームは、寝たきり状態など常時介護を必要とする要介護者の「生活の場」であり、様々な身体の介護や生活の援助とともに、各種レクリエーションなども提供している。
新型 特別養護老人ホーム	2002年以降の基準で建てられた特別養護老人ホーム。個室で、かつユニットケア方式のフロア作りとなっていることが条件となっている。従来型に比べて居室費が高額となっている。

介護老人保健施設	病状が安定期にあり、家庭復帰にむけて介護や医療を必要とする方を対象に、ケアやリハビリテーションを行う施設である。また入所施設としてだけではなく、短期入所や通所・訪問リハビリテーションとしての役割も果たしている。近年は特に在宅復帰のための中間施設としての役割を期待されている。
介護療養病床	主に医療法人が運営する医療施設で、特別養護老人ホームや介護老人保健施設よりも重度の要介護者などを受け入れるのが目的である。通常は医師が常駐し、医療的なサービスが受けられる。2012年から新設が認められず、2024年3月までに廃止となるサービスでもある。
住宅型 有料老人ホーム	老人福祉法で老人ホームの要件を満たすものの、特定施設入居者生活介護の認可が下りていない有料老人ホームを総称し、こう呼ばれる。基本的には介護サービスはなく、訪問介護や定期巡回のサービスを外付けで利用する形が取られる。
介護付き 有料老人ホーム (特定施設入居者生活介護)	特定施設は特別養護老人ホームとサービス形態が近く、大きく差別化が図られている部分は少ない。近年は費用も差異が小さくなってきており、その区別がつきにくくなってきていると言える。ただし、ユニット化については義務付けられていない。
グループホーム	医療法人、社会福祉法人、株式会社や地方自治体など、様々な組織体によって運営されている地域密着型の介護施設であり、主に軽度の認知症高齢者を受け入れている。入所者は、介護スタッフのサポートを受けながら、5～9人のユニット単位でお互いに役割を分担しながら、共同で自立した生活を送ることで症状の改善を図っている。

ケアハウス （介護型含む）	身寄りがない、または家庭環境や経済状況などの理由により家族との同居が困難な高齢者が、自治体の助成を受けて有料老人ホームよりも比較的低い費用で利用できる施設。一般型のケアハウスでは、介護が必要な時には訪問介護や通所介護などの在宅サービスを利用し、自立状態でないと見なされた際には施設からの退去を求められることもあるのに対し、介護型のケアハウスでは、重度の要介護状態になっても住み続けることが可能となる。
軽費老人ホーム **養護老人ホーム等**	身寄りがない、家庭環境や経済状況などの理由により、家族との同居が困難な高齢者が暮らす軽費老人ホームには、食事を提供する「A型」と、食事を提供しない「B型」があり、さらに「C型」と呼ばれるケアハウスがある（ケアハウスの欄参照）。また近年、従来の基準緩和により、大都市部（東京都）においても比較的少ない費用で利用できる、「都市型」と呼ばれる軽費老人ホームができている。
サービス付き **高齢者向け住宅**	民間事業者などによって運営され、都道府県単位で認可・登録された賃貸住宅であり、主に自立あるいは軽度の要介護状態の高齢者を受け入れている。その特徴は、一般的な賃貸住宅よりも高齢者が住みやすく、借りやすいことである。また利用権方式ではなく賃貸借方式の施設が多いので、入居時に支払う敷金の返還を受けやすいなどの点で、入居者の権利が守られている。

　これら商品ごとの特徴と、それぞれの想定される価格帯から導き出されるサービスの質の期待値を二軸に捉え、ポジショニング図としてまとめたものが、図2-4となります。

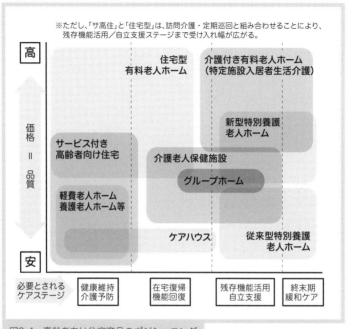

図2-4 高齢者向け住宅商品のポジショニング
（廃止となる介護療養病床は含まれていない）

　この図は、自社の高齢者向け住宅商品をいま一度振り返り、外から見て自施設にはどのような期待が寄せられているのか、それに対し自分たちのサービスは期待にマッチしたものとなっているのか、ズレて結局不満足になってしまっている部分はないのか、などについて推察をするきっかけとすることができます。

　以上のような流れから、高齢者向け住宅商品の営業を考えるにあたり、まずお客様のニーズがどこにあるのかを考え、そこに応えていく方法とはどういったものなのかを整理するところから始

まることに、理解が及ぶのではないでしょうか。

■高齢者向け住宅の特徴

　介護事業所における営業活動には、特徴的である性質がいくつかあります。特に高齢者向け住宅系の介護サービスを扱う営業担当者は、以下の点で一般的な不動産やサービス商品の販売とは異なることを理解し、戦略を立てるようにしなければなりません。

●高額商品である

　介護とは高額商品（サービス）です。1日単価数千円から1万円以上もするサービスを、毎週（もしくは毎日）欠かさず何年も利用するのですから、生涯で必要とする介護費用は膨大なものになります。また介護保険を含まない部分についても、例えば高齢者向け住宅系介護サービスでは、一般的に同じような条件のマンションの部屋を借りた場合と比べても、1.5から2倍以上の費用差が生じることが多くなります。したがって買い手であるお年寄りや家族は常に慎重な姿勢となり、営業担当者からどのような丁寧な説明や厚いパンフレットを受け取ったとしても、それを鵜呑みにすることを避けるようになります。

●本質的なサービスが見えにくい

　介護サービスは今や世間に十分浸透し、どのようなことが行われているかについてまったく理解されないことはないでしょう。しかしそれでも、検討している事業所の質の良し悪

しを判断できるかといえば、そこまでには至っていないと思われます。例えばお年寄り（又は家族）の側で施設見学を行ったとして、建物の内装や介護職員の表面的な挨拶などは確認することができたとしても、介護サービス自体の良し悪しまで確認することは非常に困難であると言えます。そのため、お年寄り（又は家族）は見える部分からその本質を推測するか、信頼できる人からのアドバイスに耳を傾けるようになります。

●家族が意思決定に関わることも多い

　介護保険を申請するにあたっては、お年寄りが一人で生活できなくなった、認知症症状が出始めたなど、家族の援助を必要とするケースが多くありますが、まだまだ元気なうちから介護サービスの利用を検討する場合にも、家族の助力は必要とされることになります。すなわち、介護保険部分の利用者側の負担額は1～3割ですが、特に元気なうちから利用できるような高齢者向け住宅系介護サービスでは多くの実費負担が必要となるからです。場合によっては年金支給額では収まらないことになり、家族にも負担していただくケースも多く生じています。

●同業他社との差異が少ない

　現状の介護サービスにあっては、横並びで似たようなサービスを提供しているのが実情で、お年寄りの側からするとどこを選んでも大きな違いがないように感じられてしまいます。そのため、ケアマネジャーに事業所選択の判断まで任せてしまうようになったり、自ら判断する際にも、営業担当者の態

度や見学施設の清潔さなど、ちょっとしたことが決め手となって契約に繋がるようになるのです。

●必要に迫られて短い期間で入居の決断をするケースが多い

病院から退院したものの要介護状態になり家庭ではお世話をすることができない、費用が高いのでギリギリまで在宅で粘っていたが限界がきた、家族の転勤などの都合で、自宅では住めないなど比較的検討の余裕のない中での決断を迫られているケースが多くあります。その場でサービスの開始（利用者の受け入れ）を即決してくれるところが感謝されることも多くあります。

●介護職員に対する事前の印象は総じて良い

社会的意義のある仕事のためか、普段から訪問介護などでお世話になっているためか、お年寄り（又は家族）の側でサービス利用検討の段階から現場の介護職員に対しては好印象を持っていることが多くあります。反面、施設の運営・管理者や営業担当者などに対しては、比較的警戒をしている様子が見られることがあります。

■営業におけるポイント

営業活動の特徴を踏まえると、介護事業における営業活動に必要なポイントとは次のようなものであると言えるでしょう。

- TVCMやチラシなどで直接お客様に訴求する直接営業に加えて、お年寄りに信頼され紹介をしてくださる紹介者・窓口に対して間接的に訴求をしていく間接営業が有効な営業手段となっていく。
- 営業活動の中心は営業担当者（生活相談員など）が行うべきであるが、見学対応やアセスメント訪問など要所では介護職員の協力を得て、現場の生の声を聞いてもらうことが有効である。
- 家族への案内が非常に重要となる。お年寄り自身のニーズに沿ったサービスの選択が重要であり、見た目の新しさ、お金をかけた設備に惑わされない判断軸についてきちんと伝えていかないと、サービスの本質部分で選んでもらえない可能性が生じる。
- どのような困難なケースでも即日お引き受けするというくらいの前向きな意識が事業所全体で共有されていることが、信頼を得られる営業に繋がっていく。
- 職員の接遇の所作や、気遣い心遣いなどのわずかな差の部分が、他社に流れるか自事業所に呼び込めるかの境目になっていることが多い。

これらのポイントを踏まえることが、介護事業所における営業活動を成功させる近道となります。

■営業活動における前提条件

●営業活動を行うことは、相手へのお役立ちである

営業と聞くと物を売りつけるというイメージがありますが

必ずしもそうではありません。会社は、顧客に対して役に立つ物（サービス）を提供することに対して、報酬という対価をいただくことで成り立っています。その関係が成り立たない場合、会社は潰れます。つまり、報酬を得ることは、顧客から必要とされる物やサービスを提供しているということに他ならないのです。これは、一定の制度の枠内でのビジネスである介護業界であっても本質的には同じです。

営業活動を行う際には、この原則を意識し、"顧客に対して役に立つ情報を伝えている"ことを認識することが大切です。その情報が欲しいかどうかは、相手が判断するものであって、営業者側からは判断することができないのです。

●自施設の強みを明確にする

営業活動を行う際には、そのサービスの特長を理解することが必要不可欠です。例えば、私たちが家を購入することを検討しているとしましょう。その際も様々な条件（価格、立地条件、デザイン、広さなど）で比較を行います。その時に、何も特長がない物件は住みたいとは思わないでしょう。また特長があったとしても購入を検討している人に伝わっていなければ、判断することができません。

皆様が提供するサービスにおいても、どのような特長（強み）があるかを明確にし、その情報を適切に届けることが重要です。誰に聞いても「うちの施設の特長は〇〇です」と言える状態にしましょう。

●人は思った通りにしか動かない

　人が行動を起こすためには、まず行動したいと思うことが重要です。いくらその商品の特長を熱心に「説得」したとしても、本当に必要と思わなければ購入の意思決定を行いません。行動したいと思わせるためには、「納得」してもらうことが重要となります。本当にその人が必要としている情報を届け、「その人自身に考えてもらうこと」で、初めて利用したいと思ってもらえます。そのためには、こちらから説明するだけでなく、様々な質問を通じて、相手にも考えてもらい、必要と思われることが重要です。

2 高齢者向け住宅の営業担当者のための施策各論

ポイント

● 市場調査などを通じ、自事業所の営業対象者を明確にしましょう

● 営業対象者(訪問窓口)に対するアプローチ方法を整理しましょう

● 限られた訪問回数の中でも営業成果の上がる工夫を考えましょう

1)基本項目

　前項までにおいて、営業手法の具体的内容について触れましたが、実際には営業は相手があって成り立つものであり、こちらからの一方的な伝達ではいくら良いものを持っていたとしても興味

を持たれません。ここでは窓口担当者の分析を行いながら、間接営業の肝である紹介者との信頼関係の構築に繋がる施策について考えていきます。

■窓口担当者・紹介者の気持ち

　介護事業所の営業活動を考えた際、その訪問対象先は居宅介護支援事業所のケアマネジャーか、病院のMSW（医療ソーシャルワーカー）が大半を占めることになります。居宅介護支援事業所のケアマネジャーといえば、同じ介護保険下で事業を行う、いわば同業・同士になります。どちらかといえばお客様というよりは、協力関係にある対等の立場の相手であるという感覚の方が多いのではないでしょうか。まして、原理原則・平等公平を掲げるケアマネジャーに対して、お客様というスタンスでアプローチをすることについて、違和感を持たれる営業担当者も多いことでしょう。

　原理原則ということでは、ある意味それは正しい物の見方であるのかもしれません。一方で、ケアマネジャーとて一人の人間です。人間関係や感情を一切排除した判断を期待するものではありませんし、評判の悪い先に紹介をしてお年寄りからの不評を買い、介護支援専門員資格を傷つけてしまうことは、ご自身の生活自体を脅かすことにも繋がりかねません。

　緊急で利用者のサービスを探さねばならない際に、じっくりと評判やサービス内容を確認することなく、サービス提供先を探すべきなのか、それとも普段から細かな情報があり、評判も良い、信頼できる先に任せるべきなのかという判断を迫られることもあ

ります。必然的に、ケアマネジャーが自身との信頼関係を基準に利用者の紹介を行っていく「やむを得ない」ことが、理解できるのではないでしょうか。

　そのことが理解できれば、自然とケアマネジャーに対して私たちが行うべき姿勢についても理解できるようになるものと思います。「普段から接する機会が多く、顔見知りの関係である」「頼みごとをしやすく、困った時には相談に乗ってもらうことができる」「利用者を紹介すれば評判がよく、紹介するだけの価値がある」「トラブルに対しても対応力が高く、事業者側の対応に慌てることもない」など、信頼できる先を優先的に利用者に紹介をすることを前提として関係性の構築が求められているのではないでしょうか。

■地域のケアマネジャーとの関わりについて

　第5章において詳しく伝えていますが、地域包括ケアシステム内では医療と介護など社会資源同士のスムーズな連携、すなわち「シームレスケア」の考え方が重要です。そして、そのシームレスな関係を繋ぐバトンの役割をするものは、ケアマネジメントであるのです。

　もちろん、ケアマネジメント＝ケアマネジャーが成り立つというわけではありません。皆様一人ひとりがケアマネジメントを意識する中で、自分たちの役割を自らが意識し、積極的に取り組み、発信していくことにより、利用者の金メダルに向けた次なるバトンが渡されるものと理解できるようになります。ケアマネジャーが皆様の仕事を決めているということではありません。皆様が自

分たちのできることを生み出し、それをケアマネジャーに選んでもらうという姿勢が大切となります。

とはいえ、実際に最も利用者、家族の矢面に立ち、ケアマネジメントの中核となっているのがケアマネジャーであることもまた事実です。利用者のお役立ちを考えた場合、ケアマネジャーへのお役立ちから通じている部分が多いこともまた事実なのです。ケアマネジャーへの気配り、心配りが利用者のお役立ちにつながり、そうして得られた信頼関係の結果として、ケアマネジャーからの紹介増、つまり稼働率の向上に繋がっていくということを、改めて理解しなおさなければなりません。

ケアマネジャーとの信頼関係を築く最短ルートは、法人内ケアマネジャーと最大限の信頼関係を築くことと深く関係しています。ケアマネジャーとの関係作りの中で、忌憚なく良い面悪い面を教えてもらえるのは、法人内のケアマネジャーをおいて他にはいません。法人内ケアマネジャーと連携を密に取り、常に相手のお役立ちになるためにはどうすれば良いか？　という視点を持ち、指摘があれば真摯に受け止め、修正し、習慣化していく必要があります。そうしてできた習慣が外向けにも発揮されるようになった時、ようやく地域からの信頼が得られるようになるのです。

2）高齢者向け住宅における営業の施策

■準備・情報把握段階（エリアリサーチ）

　市場状況の把握は、基本的には専門業者などを活用して必要な情報収集が進められるものですが、その状況は日々刻々と変わっていくものであり、一旦収集したものがいつまでも使えるものであるとは限りません。各自がせめて自分の担当エリアだけでも積極的に営業戦略を立ててほしいという意味も込めて、営業担当者にできる範囲でのリサーチ実施を課すべきであると考えられます。

●エリア基本データの把握

　各営業担当者の担当エリアの基本情報、特に高齢者状況を把握します。

　行政のホームページなどを調べ、自分なりの見やすい資料（地図など）に整理していくとより効果的です。

実施策

> ◎対象エリアの把握（各市町村ホームページ等を参照）
> ・住所ごとの世帯数
> ・高齢者数
> ・介護保険認定者数
> ・地域ごとの所得層の分布

> ◎地域における65歳以上の住民の情報
> - 地域における高齢者分布、マッピング
> - その他高齢者に関連するデータ

●マクロ状況の把握

営業を行う基本状況として、国全体の動向、法改正の状況などについても把握する必要があります。

実施策

> ◎人口動態の把握（全国・都道府県・市町村の人口、高齢者数、要介護者数など）
> ◎社会保障制度改正の状況把握（介護保険制度、年金制度、医療保険制度など）
> ◎地域計画の状況把握（医療計画、介護保険事業計画など）

営業担当者としては、顧客のニーズの変化に敏感でなければなりませんが、その変化の起きるタイミングとして最たるものが、この法改正によるものです。せめて最新の法改正には敏感になり、いち早くニーズの変化に気付いていかなければなりません。

●近隣施設の状況把握

近隣の同業他社の研究は、地域のニーズの把握に繋がります。地域ではどんなサービスが求められているのか、費用は、そもそも地域の高齢者にとってサービスが充足しているのか、不足しているのかなどの理解に繋がります。

> **実施策**
>
> ◎近隣同業・類似サービス他社との比較表作成
> ◎近隣同業・類似サービス他社との差別化の把握
> 　（先方と自事業所の違い）
> 　・入居金、月額の把握
> 　・入居率の把握
> 　・競合他社の実際の見学件数
> ◎近隣同業・類似サービス他社の実数及び空き状況の把握
> ◎近隣同業・類似サービス他社のADL（Activities of Daily Living、日常生活動作）ごとの受け入れ体制及び介護体制の把握
> 　・介護体制や重度になった時の対処方法の把握
> ◎所在行政区の特養待ち人数
> ◎近隣療養型病床の把握

■顧客情報収集段階

●半径1km内認知度向上及び見込み客掘り起こし

　いわゆる直接営業の段階です。お客様の目に直接届くような販促物を用いて、施設や法人全体の認知度の向上、イメージアップ、イベントなどの集客を目指します。

　チラシ、パンフレット、TVCMなど販促物資の作成は、基本的には営業担当者個人の業務ではありません。しかし事業所ごとの細かいイベントの誘致などで手作りのチラシを作

成するという例もありますし、それらを直接お年寄り宅のポストに投函するポスティングの作業にも関わることがあります。つまり、営業担当者にとっても直接営業は無縁のものでは有り得ないということになります。

●施設内外イベントの活用

営業担当者にとっての直接営業の基本は、施設と協力して企画した営業施策について、自分たちなりの集客ツールを作成し、お客様へどう訴求していくかという部分になります。

実施策

◎具体的な季節の催事、敬老会等記入
- エリア内登録者へのフォローに対しての訪問数
- 参加者数 合計
- 介護相談会開催
- 見学会開催
- 体験入居会
- 日帰り体験入居のお誘い
- 施設イベント参加
- エリア内登録者の当月誕生日者数確認

■広報段階

●Pull式戦略のマーケティング

Pull式戦略のマーケティングとは、自社の製品やサービスの宣伝が中心となる広告らしさを前面に押し出さないもので

あり、見た方の持つ課題に対する解決策を提示したり、課題そのものを認識させる、いわゆる啓蒙型・教育型のコンテンツを提供したりするアプローチのことを指します。

イメージ戦略に近いもので、直接商品を販売する力には乏しいですが、ブランド認知度を高めたり、他のPush式戦略の広告物の効果を高めたりします。

こういった戦略は、主に組織の広告宣伝部などが一括して行うものなので、営業担当者の日々の営業活動に直接関わってくるものではありません。しかし、営業担当者の活動効果を高めてくれるアプローチであるので、営業をする側としては最大限に活用しない手はありません。少なくとも、どの地域にどういったアプローチがなされたかを把握して、訪問先で「昨日の〇〇、見ていただけました？」くらいのことが言えるようでなければ、広告費が効果的に使われているとは言えなくなってしまいます。

> 実施策
>
> ○新聞折り込み広告の把握
> ・折り込みエリアの把握
> ・折り込み部数の把握
> ○ホームページの確認
> ・ブログの更新
> ・最新情報の更新と把握
> ○中吊り広告、ポスターなどの把握
> ○その他Pull式広告の把握

●Push式戦略のマーケティング

　Push式戦略は、待ちの戦略であるPull式とは対照的に、半ば強制的に情報発信をするアプローチです。その方法は様々ありますが、高齢者向け住宅の営業において使われている手法は、主にポスティングによるチラシ配りと、TVCMの放映です。

実施策

◎ポスティングの実施前の自治会長への挨拶
◎効果的地域の特定
・市役所周辺・自治会やオーナーからのヒアリング
・地元不動産からのヒアリング（治安の良い場所等々を聞く）
・ポスティング中の老人会・自治会長宅、民生委員宅の把握
◎ポスティング
・相談員
・施設長
・その他施設職員
◎ポスティングの土日の実施（在宅率の高い日時での実施策）
◎近隣交通機関における駅周辺でのチラシ配り
◎TVCMの確認
・放映エリアの確認
・放映スケジュールの確認
・放映内容の確認

●半径1kmの過去顧客に対してのアプローチ

　介護事業所における過去顧客に対する再アプローチの重要性は非常に高いです。何故なら、お年寄りの身体状況の変化の速度は速く、それに合わせて介護事業所へのニーズも劇的に変化していくものだからです。

> 実施策

◎過去顧客となる対象人数の確認
- 架電数
- 持参数（チラシ及び機関紙）
- DM数（チラシ及び機関紙）

　いったんお断りとなった顧客への電話は、通常の営業ではあまり歓迎されるものではありません。しかし、変化の大きいお年寄りが相手であるので、「その後〇〇様はお元気でいらっしゃいますか？　あれからどうお過ごしになられているか、気になったものでお電話をさせていただきました」という気遣いの電話を入れることにより、直接的な販売文句を使わなくとも相手のニーズを計ることができます。そして、そこで利用者様の状態が変わったという情報を得られた場合に、改めて再度サービスの案内をすれば良いのです。

　それでも、あまりしつこい架電は逆効果です。営業システムなどを活用し、前回、前々回と、どのような頻度で架電していたかについて確認をしながら進めていく必要があります。

●事業所への直接問い合わせ顧客へのアプローチ

まれなケースではありますが、お客様がご自身で介護事業所の連絡先を調べて直接お問い合わせがくる場合があります。その場合、電話応対は施設職員となりますので、いったん連絡先をうかがった後に、あらためて営業担当者からの折り返し連絡が必要となります。

実施策

◎直接問い合わせ顧客となる対象人数の確認
- 架電数
- 持参数（チラシ及び機関紙）
- DM数（チラシ及び機関紙）

施設側から、直接の問い合わせがきたことを申し送る連絡があった場合、営業担当者は直ちに対応し、以後は通常の顧客営業の流れに繋げていきます。

●基本窓口営業

顧客紹介率が高く、常に間接営業の基本となる窓口への訪問です。何はともあれこの窓口には毎月のように足しげく通い、親しい間柄になっていくことが重要となります。

実施策

◎行政・自治体に対しての訪問
◎地域包括支援センターに対しての訪問
◎病院に対しての訪問
◎介護老人保健施設に対しての訪問

> ◎居宅介護支援事業所に対しての訪問
> ◎これらの上記基本窓口向け見学会の実施
> ◎WAM NET（独立行政法人福祉医療機構）など情報サイトの活用による月次ごとの新規窓口の確認

自治体、地域包括支援センター

　自治体又は地域包括支援センターの立場は公平中立であり、あまり紹介してくれないと思われるかもしれません。しかし、「公平中立な立場はわかっていますが」という言葉を会話の前置きにし、「急なご利用のご相談がございましたら、即対応させていただきますのでよろしくお願いいたします」と声を掛けておくと、「ここだったら早く対応してくれると思うよ」とお客様に紹介してもらえるようになります。

　また、地域包括支援センターは、いろいろな相談が来るうえに相談件数も多いので、自事業所とは関係ないと思っても、一通りは営業した方が良いでしょう。

訪問の目的・理由付け

①自治体
［新規出店時］挨拶、提供サービスの内容の紹介
［通常時］地域の情報収集、サービス提供にかかわる相談
［共通］急なお客様の利用相談の際の紹介

②地域包括支援センター
［新規出店時］挨拶、提供サービス内容の紹介

［通常時］地域の情報収集（要支援者）、ケアプラン作成時
　　　　　の相談
［共通］急なお客様の利用相談の際の紹介

> **ポイント**
>
> 比較的お元気なお年寄りの紹介が多い先になります。喫緊の必要性は少ないですが、受け入れ先が見つからず困っている方も多くいるため、紹介いただける可能性は高いといえます。

病院（総合病院の医療相談室）

　患者さん退院時の介護サービスの提案や、急な退院で困っている患者さんの紹介をお願いします。

　高齢者向け住宅利用の窓口として、総合病院の相談室経由という流れはかなり有力です。

　前述のように、介護度が変化し在宅復帰が困難になったり不安となったりするタイミングとして多いのが、この「退院」の際だからです。

　総合病院の相談室、地域連携室などが対象窓口ですが、たいてい看護師が担当相談員となっているようです。地域のケアマネジャーや個人病院ほど忙しい窓口ではないようですので、訪問をして会ってもらえる率は高いと思われます。しかし、看護方面の知識が豊富で医療行為の在宅管理について気にかけているケースも多いので、ケアやイベントなどの情報よりは、医師の巡回状況、看護師の配置数、経管栄養の受け

入れ実績、褥瘡(じょくそう)(床ずれ)入居者数と処置の方針、透析や在宅酸素の対応方法などについてよく確認してから訪問すると良いでしょう。訪問時に施設の看護師に同行してもらうことができれば、なお良いかもしれません。

退院先も通院圏内で、通院や再入院の可能性が高いところの方が有利なのは間違いありません。距離の近い病院から順に窓口を広げていくのが理想的となります。

訪問の目的、理由付け

在宅復帰の受け入れ、もしくは転院の場合は一時的な介護支援の提案を行います。

> **ポイント**
>
> **ケアプランごと受け入れるつもりで自社ケアマネジャーと同行します。**

- ケアプランの受け入れ余裕のある自社ケアマネジャーと同行します。
- 自社訪問看護ステーション所長、もしくは訪問看護師(ケアマネジャー兼務)と同行します。
- 他事業所であってもケアプランの余裕があるケアマネジャーに繋ぐことができるよう準備し、サービスの依頼へと繋げます。

介護老人保健施設

　入所施設ですが、本来の役割である在宅復帰について年々強化される傾向にあり、退所後の受け皿としての役割を担うことが求められます。利用者の視点から考えた場合、気になるのはリハビリの引継ぎです。せっかく介護老人保健施設で3か月間みっちりリハビリに臨み、退所できるまでに回復したのであれば、退所後にその効果を失わないことが求められるはずです。介護老人保健施設の次の受け皿になるには、リハビリのマネジメントを引き継ぐ体制と意欲がある先であることを伝えていかなければなりません。

ポイント

在宅に復帰するお客様の紹介をお願いします。
同じ医療法人系列のケアマネジャー、看護師、医師の紹介をお願いします。

- 訪問対象者は、相談員、ケアマネジャー、セラピスト（理学・作業療法士等）です。
- セラピストとは、退所が決まってからのリハビリの引継ぎのみならず、入所中に何を目指してトレーニングをしているかの段階で情報交換をし、早期に退所先のメドを立てられるように支援することも重要です。
- 一方的に紹介を受けるのではなく、重点的なリハビリが必要になった利用者を介護老人保健施設に紹介するという実績があると、信頼関係が築きやすくなります。

居宅介護支援事業所(地域のケアマネジャー)

お客様の側に密着した存在で、ほとんど介護保険を使って仕事をしている有力な営業ターゲットです。ケアマネジャーが担当しているお客様のなかには、現在利用している介護サービス事業所に不都合を感じていたり、在宅サービスに限界を感じていたりする方がいる場合があるので、紹介をお願いしておきましょう。

> **ポイント**
>
> 介護保険を利用中の方の紹介元として最重要な窓口です。ケアマネジャーはお客様でもあり、同業者でもあります。地域のお年寄りのために協力し合うという関係作りが必要になります。

- 紹介を依頼するばかりでなく、困ったことがないかを聞き、役に立つ情報を提供するという立場で訪問することが有効です。
- 自分の紹介した先が満足のいくものだったか、利用者の反応を気にしていることが多くあります。紹介前よりも、紹介いただいたあとの情報提供が非常に重要となります。
- 訪問する曜日や時間帯、複数いるケアマネジャーの誰に会うかなど、訪問のタイミングを留意することで、効率的な営業訪問をすることができます。

●施設長同行による窓口訪問

基本の窓口営業は、営業担当者が計画に沿って定期的に行っていくものですが、前述のように介護の現場を知る職員を同行させることは非常に有効な訪問策です。特に、介護職員よりも時間の作りやすい施設長については、要所要所で積極的に訪問の同行を依頼していくべきでしょう。

【実施策】

◎協力医療機関・行政機関・有力窓口・利用頻度の高い医療機関への施設長・ケアマネジャー同行セールス（お中元、年末年始挨拶含む）
◎新規入居者の紹介窓口への施設長のお礼同行訪問
◎事業者連絡会、ケアマネジャー連絡会、勉強会への参加
◎入院先への早期の利用者情報の持参（看護師の帯同訪問）

ケアマネジャー、ソーシャルワーカー協議会（連絡会）リーダー（取りまとめ役）とのコミュニケーションのポイント

「エリアでリーダーをしているのは誰か」そのキーパーソンとなる人については、自治体もしくは自社ケアマネジャーからヒアリングし、必ず挨拶に行きます。また、その後も定期的に「相談」する姿勢を示しながら、良い関係づくりに努めます。

地域で有力な事業所情報や、ケアマネジャーの名前を教えてもらえれば、「○○さんに紹介していただきました」とい

う紹介営業に結びつきます。

> **ポイント**
>
> **相手はどんな方か、その方に合せて話をすることも効果的です。**

・介護保険の措置時代の頃から介護職として経験を積んだケアマネジャー

　介護に対して熱い「情熱家タイプ」が多いため、こちらも情熱的に話をします。

・元看護師のケアマネジャー

　医療依存度の高い重度の方のケースの話や困難事例などの事例を多く用意して話をします。

・施設系に所属するケアマネジャー

　施設に所属するケアマネジャーは、自事業所に大変自信を持っているケースが多いので、相手の事業所の話などを興味深く聞く姿勢を取ります。

●窓口開拓（介護・医療関係）

　介護・医療関係などの窓口の方から紹介に至る率は多くはありませんが、お年寄りの利用が多い場所には何らかの集客の仕掛けをしておくべきです。最も手近な例としては、ラックを設置させてもらいパンフレットや案内を置かせてもらうことです。

　このような窓口においても、初回訪問でこういった販促品

を置かせてくれるということは稀です。前述の基本窓口と同様に足繁く通うことにより信頼関係が醸成され、初めてこちらのお願いを聞いてくれるようになるのです。

実施策

◎介護事業者に対しての当月訪問数
- 訪問済み累計
- ラック設置

◎診療所に対しての当月訪問数
- 訪問済み累計
- ラック設置

◎歯科診療所に対しての当月訪問数
- 訪問済み累計
- ラック設置

◎薬局に対しての当月訪問数
- 訪問済み累計
- ラック設置

◎マッサージ・鍼灸に対しての当月訪問数
- 訪問済み累計
- ラック設置数

介護事業者

介護事業者の場合、自事業所と同業者ということもありますが、同業者の中にはスタッフの受け入れレベルなどで「重度の認知症の方や車椅子ご利用の方、医療依存度が高い方はお断りします」という場合もあります。特別養護老人ホーム

は待機者が多数おり、それ以外の事業所も満床、満室のケースもあるので、自事業所で受け入れが可能の場合、紹介が望めるかもしれません。「同業者だから……」と諦めずに情報収集も兼ねた訪問営業を行うと良いでしょう。

診療所

　診療所側にとっても、通院している患者へ在宅介護サービスを提案すれば今後も末永く患者として診て行けるというメリットも生じるので、「先生の大切な患者様の安心の末永い在宅生活のために…」という言葉を前置きに、患者の紹介をお願いします。

　ただし、個人診療所の医師は非常に忙しく、さらに受付も看護師が行っているケースも多いため、事務員の方のように自動的に繋いでくれることはあまりありません。そのため、診療時間を確認し、そこから少し外したくらいの時間帯にアポ取りの電話を入れるなどして、まずは医師に取次いでもらえるまでの部分で工夫をすべきでしょう。

（ 訪問の目的と理由付け ）

- [初回] 挨拶とお客様の利用状況の確認（顧客が多いほど、優先的に営業ルートへ組み込む）
- [2回目以降] 医師への営業と、顧客への直接的アプローチ（パンフレット配布）

> **ポイント**
>
> 営業先として優先するならば、定期的に訪問します。毎週決まった曜日、時間に訪問することを印象付け、医師の信頼を得ましょう。

●地域諸団体への定期訪問

　地域団体や自治体の方は、基本的には個人であり公的な窓口に比べて公平性についての縛りは多くありません。しかし同時に相手は仕事中でもないので、自分の時間を費やしてでも入居者紹介に積極的に動いてくれるとは考えない方が良いでしょう。

　こういった方々への対応のポイントは、いかに相手の利益に訴えかけていけるかになります。利益といっても、謝礼をお渡しするようなイメージではなく（必ずしも謝礼を受け取ってもらえないとは限りませんが）、地域のお祭りに施設職員など大勢で参加する、回覧板に広告を載せる、自治会に寄付をするなど、その人の立場を考慮したアプローチがあるはずです。

> **実施策**
>
> ◎所属自治会への登録の可否
> ◎自治会連合会（長）の把握（定例会、会合等の把握）
> 　・自治会連合会（長）への挨拶

◎所属自治会への登録の可否
◎自治会連合会（長）の把握（定例会、会合等の把握）
・自治会連合会（長）への挨拶
◎自治会に対しての当月訪問数
・訪問済み累計
・会合等の開催日時・場所の確認
・会合等でのPR時間の獲得数累計
・回覧板での掲示数累計
・隣町の自治会長の紹介依頼
・地元有力者（世話役・世話好き）の紹介依頼
◎老人会連合会（長）の把握（定例会、会合等の把握）
・老人会連合会（長）への挨拶
◎老人会に対しての当月訪問数
・訪問済み累計
・会合等の開催日時・場所の確認

● 地域の情報提供パートナーの開拓による
　入居情報の獲得

　情報提供パートナーとは、施設側と簡単なパートナー契約を結び、そのうえで入居者の紹介をした場合には施設側から謝礼金を受け取ることができる人のことを指します。対象は一般の方というよりは、主に民間企業の担当の方に対するアプローチとなります。

> 実施策

◎弁護士/司法書士事務所
- 訪問済み累計
- 地域の弁護士、司法書士の元締めの把握及び訪問挨拶

◎不動産会社
- 訪問済み累計

◎住宅リフォーム会社
- 訪問済み累計

◎ロータリークラブ、商工会議所、ライオンズクラブ
- 訪問済み累計

◎酒屋、米屋、クリーニング等宅配実施店舗
- 訪問済み累計
- ラック設置

◎ゴルフ練習場
- 訪問済み累計
- ラック設置

◎寺院
- 訪問済み累計

◎その他の開拓場所

●地域口コミ

前述したPull式戦略のマーケティング（P87参照）にも通じるものがありますが、直接集客をする手法ではなく、学校や町内に対して訪問したりイベントへの協力を積極的にしたりすることで、口コミによる好印象の噂が拡散していくこと

を目指した訪問の手法です。

口コミによる好印象の拡散を目指し、地域とのかかわりを積極的に行っていきます。

> **実施策**
>
> ◎施設近隣/隣5軒への定期的な挨拶（中元・年末年始挨拶含む/天災・火災時の一時預り依頼）
> ◎幼稚園児・小学校児童の訪問受入れ
> ◎小学校PTAへの訪問
> ◎地域老人会との交流
> ◎地域ボランティア活動/
> 　NPO法人における活動確認や受入れ
> ◎社会福祉協議会に受入れ状況を聞く
> ◎地域催事への参加（花見・盆踊り・運動会など）
> ◎地域集会所、スーパーマーケット、掲示板への張り紙広告
> ◎町内会名簿・回覧板における広告スペースの購入
> ◎子ども110番への登録
> ◎大家への定期的な訪問（地元有志の場合、紹介依頼）
> ◎所在行政区役所の介護保険課等への挨拶
> ◎警察署・消防署・保健所への挨拶
> ◎タクシー会社や近隣公共交通機関への挨拶
> ◎近隣の寺社祭典や集会への協賛
> ◎子ども会への協賛
> ◎啓蒙・啓発活動

◎ヘルパー受入れ
・教育委員会への挨拶
・行政区内の中学・高校
◎一般対象者の受入れ
◎入居者体験コース受入れ
・受入れ実績

●職員による情報収集活動

　職員による情報収集活動は、主に自身の親族や友人に対して実施するものです。

　その意図としては、主に一般職員に対し、営業活動への参画意識を高めてもらうためと、自身の行っているサービスの質の振り返りを行ってもらうためという二つの意図があります。

　特にサービスの質の振り返りに関しては、営業活動を通じて行うことが非常に効果的です。なぜなら、自身の行っているサービスの質が高いか低いかを測る物差しとして最適なのが、「自分の親族や友人に自信を持って紹介できるかどうか」だからです。ここで、自分の行っているサービスに自信があり、是非親族にも使ってもらいたい、それがベストの選択だ、と思うことができるようであれば、きっとそのサービスは本当に素晴らしいものであり、これから行う営業活動の力になってくれることでしょう。しかし、自信を持って勧められない、むしろ「うちの施設だけは選ばないほうがいい」とまで思っているのであれば、そもそも営業活動を実施する前に、利用

者に喜ばれる良いサービスを提供できるようになるところから始めなければなりません。さもなければ、ざるで水を掬うがごとく、新しい利用者を連れてきても連れてきても満足いただけずに退所の繰り返しとなってしまいます（P244図6-1を参照）。

もちろん、法人や事業所の規模が大きくなればなるほど、職員の親族や友人からの紹介案件が掘り起こされる可能性も高くなりますので、地道に行っていくことへの意義があるとも言えます。

●主任（入居者及び家族紹介）による情報収集

主任以上の役職者であれば、営業活動も重要な職責のひとつとすることができますが、外回りの営業活動を行うには日常業務が忙しすぎるという方も多いようです。

そのような場合にも、施設内にいながら営業活動を行うことができます。その対象は入居者の家族であり、ほかに知り合いで困っているお年寄りはいないかと聞いて回ることにより紹介案件を得られるようになります。

もし、家族が施設のサービスに不満を抱いていた場合、他の案件を紹介してもらえることは確実にありません。つまり、主任がこの活動を通じて、自フロアでのケアを見直すきっかけとなり得るのです。

実施策

◎家族対応を通じた紹介依頼の獲得
・家族連絡時の案内

> 「今、私のユニットに空きベッドができました。私としては、サービスの質に絶対の自信を持ってこちらを紹介できるのですが、○○様の知人の方でお困りの方はいらっしゃいませんか?」など
>
> ◎成年後見人へのアプローチ
> ・現利用者と関わりのある司法書士等へのアプローチ
> ・司法書士等との過去の接触件数や会話内容などの累計記録の確認

●職員による情報収集

主任ほどの積極的な営業活動ではありませんが、介護職員も機会があれば簡単な紹介やPRを行いましょう。

> 実施策
>
> ◎面会者(来設者)へのPR
> ◎通院先・薬局などへのPR

●営業部長からの契約者家族への様子伺いの電話連絡

法人本部、本社に在籍する営業担当者の立場として家族連絡を実施することは、本心に近いサービス満足度を聞くことができる可能性があります(管理者を含む事業所職員に対しては、良くも悪くも「お世話になっている先」という認識があり、正直な感想が言いづらいと思っている方は多くいます)。

営業部長一人で全利用者を網羅することは困難ですが、入所して6か月の間、新規の利用者に対してのみの対応とすれば、

無理なく実施できるのではないでしょうか。

実施策

◎入所してから3か月おきの家族連絡の実施
- ここまで利用してみての満足度の確認
- 入所前と現在とを比較した施設運営の状況について
（入所してから環境や職員の対応に変化があったか）
- 入所前に確認した約束事の遂行状況など

（入所後6か月以内は手厚い対応を行う）

● 広告営業

直接営業で使うポスターや中吊り広告をどのように展開していくかは、普段から外回りに精を出している営業担当者からの意見を反映させることが成功の近道のひとつとなります。

営業担当者は、自社のサービスを効率よく売り出すためには、どこに広告宣伝物を設置したら良いかを常に考える機会を持たなければなりません。

実施策

①駅看板(最寄り駅、ターミナル)
- 設置場所は、適切か否か／未設置なら希望場所

②野立て看板(主要幹線道路)
- 設置場所は、適切か否か／未設置なら希望場所

③施設懸垂幕
- 設置場所は、適切か否か／未設置なら希望場所

④電柱案内広告
- 設置場所は、適切か否か／未設置なら希望場所

●営業分析

日々の営業においてはデータが蓄積されますが、それを営業担当者が振り返る機会を持つことが重要となります。営業データについて直接自分がまとめ、分析をし、次の営業に生かすことのできる情報を整理しておく必要があります。

実施策

◎日次見学数・相談数・訪問数・ポスティング数の管理・報告
- 媒体別、施設別、突然見学／直電／窓口情報orポスティング、問い合わせ区分等

3）契約率向上の施策

■見学対応時の事前準備

　商品を購入する時に、直接その商品を見てからのほうが具体的な利用イメージができるため、購買に繋がりやすくなります。老人ホーム営業においても同様で、数少ない直接検討の機会である施設見学に誘致できるか否かが、入居に至るまでのファーストステップであると理解しなければなりません。

　施設見学を行うにあたっての留意点は以下のようになります。

●見学ルートの準備

　　最も効果的に施設の良さを伝えられる効果的な見学ルートを明確にしておきます。

　　施設美化チェック項目を用意しておき、日ごろから確認を行うことで突然の見学対応に備えておきます。特に玄関周りの美化は最重要項目で、人間の見た目と同じように施設見学も第一印象が非常に重要とされています。

　　特に平均介護度の高い施設の場合、介護職員がおむつ交換などで居室に入り込んでしまうと、館内に職員が不在で閑散とした印象を与えてしまいます。きちんと適正な人員配置を行っていることをPRするために、玄関付近には写真付きの

全スタッフ紹介ボードなどを掲げると良いでしょう。介護を行う職員の顔を直接見ることができるのは、特に入居者の家族に安心感を与える要素となります。

●モデルルームの準備

施設見学をする方は、モデルルームを見て入居後の生活をイメージするので、モデルルームの飾り付けには細心の注意を払わなければなりません。

モデルルームから生活感をイメージできるように、綺麗な家具だけでなくタオル、食器、絵画、洗面セット、観葉植物などの日常生活用品を持ち込む必要があります。

モデルルームの飾り付けには見学者の好みが分かれる危険性があるので、できれば何パターンかのモデルルームを用意することが望ましいです。

モデルルームはそれを管理する施設長や相談員の感覚により質が左右されやすくなります。会社や法人としてある程度の統一感や質を保ちたい場合は、モデルルームの備品として何をどの程度揃えるか、どのように飾り付けをするかなど、指針を設けなければなりません。備品については、何を揃えるかを一覧にしておくと方向性を誤りにくくなります。

●送迎の準備

見学の際、毎回送迎の車両を手配する必要はありません。しかし、利用者に決定権があるなどの場合、介護の手間などを理由に見学誘致が進まない場合には、施設側から送迎車両を手配すべきでしょう。施設に車両が配置されている場合に

は施設側と調整し、配置されていなければタクシーで迎えに行く必要があります。

　悪天候での送迎の場合、傘を持っていき、玄関から車に乗る際に濡れてしまわないように配慮をしなければなりません。

■職員対応・工夫

●施設職員の挨拶

　来客者に明るく活気のある施設であることを印象付けるために、施設職員が積極的に元気よく挨拶をすることが重要です。館内を歩いた際、職員が元気よく挨拶する施設と、忙しそうに早足で横を素通りしていく施設とでは、受ける印象に大きな差が生じるものです。

　職員が挨拶するポイントは、元気が良いことに加え、どんなに忙しくともいったん足を止めて行うことが、好印象に繋がります。

　見学者の訪問が館内に速やかに伝わると、施設職員も意識して対応をしやすくなります。受付係が内線で各フロアに連絡をする、館内放送で音楽を流すなど伝達方法を事前に取り決めておきましょう。

●見学対応時の工夫

　アポありの見学対応であれば、可能な限りイベントの時間を見学に重なるようにして、活気ある施設の姿を印象付けるようにしましょう。

● **内覧会を行う**

開設当初の土日は毎週内覧会を行なうような、入居者獲得の姿勢が必要となります。

試食会や地域住民との交流イベントなどの集客策と組み合わせると効果的です。そこから内覧への流れに繋げていきましょう。

■突然見学に対する準備

老人ホームは一般的に、外からは「閉鎖的」「中で何をしているのかが見えにくい」と評されやすいサービスですので、意識して周囲にオープンな施設であることを示していかなければなりません。それを示していく最大の施策のひとつが、突然見学の対応と言われています。つまり、アポイントなしで施設を見に来たお客様に対してお断りすることなく、いつでも中を案内できるように準備をすることが大切となります。

通常見学は「営業担当者と施設長」などの慣れた組み合わせで行えることが多いですが、突然見学では公休の兼ね合いもあるのでそうはいきません。特に外回りをしている営業担当者を一瞬で呼び戻すことなどできないため、施設内職員のみで対応をしなければなりません。普段から主任やケアマネジャーにも見学対応を経験させることにより、施設長不在であっても見学対応ができるようになります。

突然見学の難点は、本当の顧客以外、つまり同業者や単なる勉強のために来館いただくような直近の入居に繋がっていかないお

客様にどう対応するかです。よくある手としては、まず先にお名前や入居対象者の身体状況などをお伺いすることで、入居予定者以外の見学禁止の意図を先に示すことです。アンケートに記載いただくか、聞き取りをするなどして状況を確認します。これは、相手が嘘を書いている可能性も否定できませんが、例え聞き手に相手の嘘を見抜く力がなかったとしても、一定の抑止効果があるのでまず先んじて行うべきです。

当然、この聞き取り内容は新規顧客情報として今後の営業活動の対象となり使用されます。最低限、名前と電話番号を聞かなければ次の営業をかけることができないので、例え誰が対応したとしてもそれだけは忘れないように指導をします。聞き取った情報は、速やかに施設長と営業担当者に報告します。

●見学対応マニュアルの周知と見学対応の実施

見学対応は突然見学というケースもあり、かならずしも対応に慣れた職員ばかりが控えているとは限らないため、マニュアルを用いて対応を統一させる必要があります。

見学対応マニュアルが整備された後に、その内容に沿って正しく実施されているかどうかの確認は事業所の管理者が行いますが、当の管理者自身がマニュアルに沿った見学対応を実施できているか否かを確認する必要があります。管理者への確認は、営業部長など法人本部・本社の管理職が実施します。

> 実施策

◎見学者に対するアンケート、もしくは感想の確認
◎営業部長など法人本部・本社の職員によるロールプレイングの実施
◎見学マニュアルの定期的な見直し会議の実施

■聞き出し方のトーク

トークの手法については、個人の技能を高めるほかに、押さえるべきポイントなどをまとめたマニュアルを準備しておく必要があります。

> 実施策

◎マニュアルによる項目の確認

■クロージング

クロージングについては、第1章（P57）でお役立ち営業のポイントとして述べていますが、見学段階におけるクロージングは特に重要で、注意を払う必要があります。入居検討者にとって、見学の段階は気持ちの高まっている時期の一つであり、そのタイミングでどのように決心をいただくか、決心いただいた気持ちが変わらないようにするにはどうアプローチをしていくべきか、という対応が、成約の可否を大きく分けると言っても過言ではありません。

> 実施策

◎見学対応中のクロージング対応
・見学後の感想、入居意思等の確認
・居室の仮押さえシートへのサイン
◎見学対応後の対応
・お礼の連絡
・検討後の意思確認

具体的なクロージング手法は以下の通りです。

● 施設見学中のクロージング対応
①入居検討者は、施設見学時に最も気持ちが入居に傾いている例が多いです。なるべく見学の終わりに入居の確約、その後のスケジュールなどを決められるように、強めのプッシュを行います。
②居室の仮押さえを行うという名目の予約シートにサインをもらうことは、法的拘束力はないものの、その後の入居可否の意思決定に大きな影響を及ぼします。そのため、できる限りサインをもらえるように促していくべきです。

● 施設見学後の対応
　施設見学中に結論が出なかったお客様は特に、お帰りになった後の対応が重要となってきます。お礼の電話、メール、ファックスなどは当日中に対応するべきでしょう。
　また、自筆の手紙などをお送りすることで、さらに相手の

印象を良くすることができます。

2〜3日後に、必ず確認の電話を入れます。

■心遣いトークへの意識
（サービス業としての心構え）

商品を売るための小手先のトークではなく、常に相手を気遣うという気持ちで臨めているかを意識し確認をします。

●見学前の作戦会議

特にアポありの見学対応の場合、いかに準備を入念に進めているかによって、その後の契約の成否に繋がります。見学前には作戦会議を行い、終了後には反省会を開催します。

施設内準備

施設見学では、お客様にはありのままの姿を見ていただくことも大切ですが、自施設の良さを最大限に引き出して理解してもらえるよう努める必要があります。普段から行うべき対応を強化する形で、見学準備を入念に行わなければなりません。

■マニュアルに沿った施設環境整備

施設見学マニュアルとは別に、環境整備の施策やチェック項目などが入った環境美化のマニュアルがあると良いでしょう。

マニュアルが準備できれば、各職員はそちらに沿った準備を進めることができます。

> 実施策
>
> ◎モデルルーム・応接室等の整備・美化、施設全体環境整備

■パンフレットの準備

施設の入り口や受付のカウンター周りに、パンフレットやポスターなどの販促品が掲示されることは、お客様への有効な訴求手段となります。特に見学があることが分かっているのであれば、入念に準備をする必要があります。

> 実施策
>
> ◎パンフレット・ポスター等の入り口への配備
> ◎突然見学客用のパンフレットの配備（全職員の周知徹底）

■写真や趣味作品など 営業促進掲示物の整備

施設見学時の見せ方の工夫のひとつに、写真や趣味作品など営業促進掲示物を効果的に用いるというものがあります。

実施策

◎施設入居がより具体的に、効果的に見えるツール類の整備(イベント写真、趣味作品写真、介護記録等)
◎施設見学会用ガイダンスの各施設版の作成及び配備

■積極的な受け入れ施策を立てる

顧客誘致を行うのは営業担当者の役割ですが、実際に顧客(お年寄り)を受け入れるのは介護現場です。

営業担当者は窓口や顧客と直に顔を合わせ、どのようなニーズがあるのか、何に困っているのかなどをつぶさに理解しているので、先方の要望通りに可能な限り応えたいと感じるものです。また、顧客の意向に従って、早い受け入れ態勢をとることが窓口の信頼を得られ、同業他社との競争に勝つ近道であることもよく理解しています。しかし、営業担当者がいくら一生懸命になっても、介護現場の側が快く受け入れられなければ入居契約が成立することはないのです。

介護現場も、入居促進の重要性をよく理解しています。しかし、介護的に困難なケース、準備やアセスメントの少ない状況での入居を迫られるケース、体験入居のみの利用で生涯入居に繋がりにくいことが予測されるケースなどは、現場側の背負うリスクが高

まります。そのようなケースの時は、職員の業務を圧迫し、既存の入居者からの不満が高まる要因にも繋がりかねず、どうしても及び腰の姿勢になってしまうのは致し方のないことです。

つまり、老人ホームの営業を進める場合、営業担当者のみならず介護職員（少なくとも主任クラスまで）も営業の意義をよく理解し、体験入居などへの積極的な受け入れ態勢が整えられているようにしていなければなりません。

● **体験入居を受け入れる**

- 体験入居は、施設・設備の確認ではなく、スタッフとの人間関係構築がポイントです。
- 体験入居から生涯入居へと繋げていくことこそ入居者獲得の王道であると理解する必要があります。
- 体験入居が生涯入居の入り口と考えると、その受け入れ態勢には生涯入居以上に細心の注意が払われていなければなりません。第一印象から好印象を持っていただき、契約条件の切り替えに向けてスムーズにことを運んでいかなければなりません。そのためにはチェック表などを用いて万全の受け入れ態勢を整えるべきです。
- 当然、体験入居をされた入居者には、入居後の生活の様子にも常に意識を払い、心のこもったケア、約束したサービスが提供できているかを確認しなければなりません。それはユニットを管理するリーダーや主任職の責任範疇ですが、チェック表を用いて確認を行うことで管理をしやすくなると共に、ヘルパーにとってもすべきことが明確になりケアの充実に繋がりやすくなります。

●困難事例を可能な限り断らない

- 手間がかかる、対応に困るなどの認知症状や問題行動があるお年寄りが入居候補に上がった場合、介護の現場を知る職員から反対の声が上がり断るケースがあります。しかし、こういった困難事例の積極的な受け入れが窓口との信頼関係を醸成し、次回の紹介へと繋がっていくものであることを現場側が理解しなければなりません。
- 困難事例の情報が挙がった際は、施設内専門職によるサービス担当者会議を開催し、ケアの工夫や職員の努力により安全に受け入れられる方法がないかを詳細に検討します。そして、可能な限り体験入居を受入れる方向に進めていかなければなりません。
- リスクマネジメント上の観点からどうしても断らなければならない場合にも、詳細に検討し最後まで悩みぬいた先での判断であることを、お客様と窓口担当者にわかりやすく説明をする必要があります。少なくとも事前アセスメントもなしに書類情報だけで断ることのないようにせねばなりません。

●アセスメントを詳細に取得する

アセスメントとは、サービス計画書を作成するための下地となる情報のことですが、サービス計画書のように定型の書式があるわけではありません。よく使われる書式でも様式がいくつかありますので（その一例についてはP124〜P125図2-5を参照）、事業所で使いやすいものを定めるべきでしょう。また、アセスメントを取得する担当者が使いやすいように作

り変えても良いでしょう。

事前に体験入居希望者の家庭を訪問して、その環境に近い状況を作ることで入居者の安心に繋がります。

体験入居であっても事前にアセスメントを詳細に取得し、リスクマネジメントに繋がるサービス計画書を作成することができれば、入居後のトラブルを回避でき入居者や紹介窓口からの信頼に繋がっていきます。

ただし、最終的にそのアセスメントを使用してサービス計画書を作成するのはケアマネジャーですので、ケアマネジャーが知りたい情報を拾えるアセスメントシートになっていなければなりません。必ずケアマネジャー監修のもとでシートの作成に取り組んでください。

アセスメント取得のポイントは、次のようなものがあげられます。

1．事前予測を立てる

アセスメント訪問の前段階から、少なからず利用者の生活状況などの情報が入手できているはずです。そういった情報からある程度事前勉強（出身地と年齢から幼少期の生活を予測するなど）をしておくと、当日利用者との会話も進めやすくなり、理解も早くなります。

2．お年寄りの自宅に訪問する

長年住んだ自宅に近い環境を提供することが、利用者満足度とリスク軽減、自立支援に繋がります。利用者が入院

中だったとしても、可能な限り自宅を見せてもらうことが望ましいです（ただし、その場合病院でどう過ごしているかの情報も重要なため、両方見に行かなければなりません）。

3．自分なりの会話の流れを見つける

アセスメントでは聞くべき内容が決められていますが、表の通りに質問していてはインタビューになってしまい、利用者の秘めた思いなどを語る機会が少なくなる可能性があります。例えば、一日の過ごし方を順を追って聞いていく中で該当する部分を表に落としこむなどのやり方で、自然な会話の流れを作るようになると良いでしょう。

4．ボディタッチを織り交ぜる

会話だけではなく、体を触れることで得られる情報は多くあります。例えばお会いした時に握手をすることで力がどの程度残っているのか、肌が乾燥しているのか、利き手はどちらかなどが分かったりします。初対面であまり馴れ馴れしくはできませんが、可能な限りボディタッチは試みてみるべきでしょう。

営業会議を行うことにより、営業担当者と施設職員との意識の隔たりが少なくなり、互いに仕事を頼みやすい環境となります。また営業担当者は施設内の様子を把握して窓口訪問時のトークに生かすことができるようになります。

第2章 高齢者向け住宅における営業力強化各論

氏名		様	性別		生年月日	年 月 日	年齢	歳	記録日	年 月 日
									記入者	

住所				連絡先		様	続柄	
入居予定日	年 月 日	居室	号室			様	続柄	
要介護度	要支援	要介護	認定済 申請中 区分変更 その他					

認定有効期間	年 月 日 ～ 年 月 日
認 定 日	年 月 日

身体障害者手帳	無	有	種別等級	
特別な医療	無	有		

家族構成図

男＝□ 女＝〇
入居者男＝■
女＝◎
死亡＝■●
☆＝キーパーソン
主たる介護者に「主」
同居家族は点線で囲む

障害高齢者の日常生活自立度	正常	ランク	麻痺・拘縮等の身体状況	体型等	
				身長	cm
認知高齢者の日常生活自立度	正常	ランク	認 知 の 状 況	体重	kg
				体型	痩せ型 / 普通 / 大柄

項目		今 の 状 態
A D L	寝返り	
	起き上がり	
	移乗	
	歩行（移動方法）	
	着衣	
	入浴 方法	
	洗身	
	洗面	
	食事	
	排泄	
I A D L	整理清掃	
	買物	
	金銭管理	
	服薬	
活動	会話	
	社会交流	
清潔	皮膚	
	口腔衛生	
その他	問題行動	
	介護力	
	居住環境	

図2-5　アセスメントシート例

主訴・入居の経緯			本人・家族の要望	
生活歴		習慣・こだわり	関係者の専門的意見	
医療・受診・薬の状況	医療機関名・医師名	疾患名	通院・往診の状況 回数（月・週　回）	使用している薬品名
病歴・障害等の経過				
			服薬状況	
			自立	
			介助	

現在の生活状況等

週間	月	火	水	木	金	土	日

一日の生活	4	5	6	7	8	9	10	11	12	13	14	15	16	17	18	19	20	21	22	23	24	1	～

利用在宅	事業所	担当者	連絡先

特記事項	

2　高齢者向け住宅の営業担当者のための施策各論

●顧客情報管理システムの導入と活用

　営業担当者の業務効率化、訪問窓口情報の整理分析・戦略策定、過去客への定期的なアプローチなどのスケジュール管理、複数事業所同士の情報共有など様々な面で、顧客情報管理システムの導入は有効な営業力強化の手段となります。パッケージ化されたもの、オーダーメードで構築してもらえるものなど様々な顧客情報管理システムが出回っていますので、まずは身近なシステム会社などから情報収集をされることをお勧めします。

　特にお勧めなのは、事業所の居室管理システムと連動し、営業担当者の側からタイムリーで空居室の状況などが検索できるようになっているもので、こちらがあると事業所への問い合わせ手順を飛ばして受け入れ可否のメドが立てるようになるので、営業活動の大きな助けになります。

　このようなシステムの導入が困難な場合、少なくとも全居室の入居状況が一目で把握できるホワイトボードなどを事務所に設置し、営業側から問い合わせの連絡が来たときに事業所側が即座に現状（空き状況）を説明できるように準備をしていなければなりません。

■施設内営業会議の実施

　営業担当者と施設職員との情報共有、連携強化を目的として、週1〜月1回の頻度で施設内営業会議を開催すべきです。

> **実施策**
>
> ◎顧客別営業戦術の確認（施設内営業ミーティング）
> - 営業支援システム入力の確認（フェーズごと、漏れのない入力の実施）
> - 顧客管理カードの共有管理（各個人情報の分析）
> - 未見学客に対する見学率向上のための施策確認
> - ヒアリング不足項目の確認
> - 対象者にあったサービス計画書・日課経過表・その他ツールの準備（類似ADL入居者のBefore⇒Afterの抽出）
> - 顧客別の営業活動予定の把握及び進捗状況管理
>
> ◎接触回数の増加策（見学前後のフォロー）
> - 自宅訪問、入院先への見舞い、季節レター・誕生日カード郵送等
>
> ◎入院・老健へ入居中の見込み客の状況把握
> - ケースワーカー・生活相談員からの情報収集、入居推薦依頼
>
> ◎担当役員・施設長からの窓口や顧客へのお礼状
> - 短期・体験入居者の紹介窓口へのお礼状送付

営業会議内では、アプローチ中の顧客情報、見学予定、体験入居予定、事前訪問（アセスメント）予定、新規入居者の生活の様子などを互いに報告し合います。

■体験入居者の生涯入居への切り替え

　体験入居は、事業所のサービスを具体的に利用し、その良さを実感していただくための重要なプロセスです。営業活動における1件の重みは大きく、1件の体験入居における満足はその方が契約に至るだけでなく、紹介をいただいた窓口の方の信頼にも繋がり、2件目、3件目の紹介へと続いていくきっかけにもなります（詳細はP244を参照）。

　職員数の限られた介護事業所には、営業活動に割くことのできる時間が限られています。その選択と集中をどこに絞るかという考え方の中では、体験入居者が満足いただき、生涯入居へと切り替えていただくためのサービスの注力には時間を割く必要があります。

　体験入居は、施設サービスを具体的に利用してもらうことです。心を尽くして是が非でも気に入ってもらい、生涯入居に切り替えられるようにしなければなりません。

■生涯入居への切り替え施策

　体験入居中の入居者について詳細に情報を確認し、生涯入居に切り替えてもらうにはどうすれば良いかの施策を立てます。

> 実施策
>
> ◎体験入居者の生涯入居への切り替え
> ・介護支援専門員との連携によるサービス計画書作成段階での利用提案

- 相談員との連携による心のこもったサービスの実践
- 家族来訪時の管理者・役職者からの挨拶
- 担当者から家族への定期的な連絡（最低週1回以上）
- 事業所のイベントへの家族の誘致
- 入居者の決裁権限者の把握と交流機会の強化
- 訪問医師からの本人・家族への挨拶
- 生涯入居に切り替わってからのサービスの流れについての説明
- 体験入居終了後にも接触する機会を持つため、写真や動画などの素材を基にしたツール作り

■体験入居、クーリングオフ期間中のキャンセル客数

体験入居のみで利用が終了する、もしくは入居金全額返金の義務のあるクーリングオフ期間（入居日より90日）で退去となってしまった場合、なぜそのような結果になったか検証をする必要があります。

実施策

◎クーリングオフ期間中でキャンセルとなった理由
◎改善策の立案、周知徹底、実施

第3章
事業所・法人の
イメージアップ戦略

1 広告宣伝物の制作手順と分析

ポイント

●広告宣伝物のそれぞれの特徴を把握しましょう

●チラシ、映像制作の手順を整理しましょう

●自事業所のホームページを整えましょう

1) 広告宣伝物制作とは

　広告宣伝物作成は分業です。すべてを一人で作成するものではなく、商品やサービスを知り尽くした事業者側が打ち出したいイメージを明確にし、広告宣伝物作成事業者の依頼したデザイナーなどが形にし、できたデザインを印刷業者に渡して印刷をする流れになります。

　まずは自事業所が何を伝えたいのか、詳しい内容を再確認し、いつ、どこで、誰に、何を使ってもらうのかを明確にしておく必要があります。

■介護事業所の直接営業に用いる広告宣伝物の使い分け

- チラシ
- パンフレット
- TVCM
- ホームページ

など

2）チラシ宣伝の実施

■チラシ広告発注の流れ

●伝えたい内容を明確にする

◎打ち出したい内容がある場合

- 新規事業所の立ち上げ
- キャンペーンの実施

◎特にきっかけはない、もしくは定期的な配布の場合

- 施設の強みを打ち出したい
- 定期的な利用状況を伝えたい
- 季節ごとの案内を出したい

　それでも伝えたい内容が漠然としている場合、他事業所のチラシやサンプル画像などを参考にし、イメージに近いものを準備することもひとつの方法です。

●チラシ作成業者を選択する

◎チラシ作成業者選択の基準

- チラシ作成業者選択の基準として、サービスと料金があります。
- サービスについては、制作物の質も重要ですが、期日が早いか、期日を守れるか、こちらのイメージを丁寧に汲み取ってもらえるか、という視点で選択することが重要となります。
- サービスの良さを判断するには、事前のコミュニケーションが重要です。職員の面接を行うのと同じくらい真剣に、相手を見極めるという気持ちで事前打合せを行う必要があります。

◎料金について

- チラシ作成の場合、主な料金はデザイン料と印刷料に分けられます。
- 印刷料は事前にある程度の価格のめどがつきますが、デザイン料については情報量や希望するデザインの内容で料金が変わるため、事前にどの程度の金額になるか判別しづらいことが多くあります。

●イメージ原稿をつくる

◎原稿作成を業者に依頼する場合

　チラシのデザインは、依頼業者に作成してもらう形になりますが、どのようなものを作成するかについてはデザイナー

にイメージの詳細を伝える必要があります。

イメージ指示は、文書で送った後に、電話や打ち合わせで細かいニュアンスを伝えましょう。電話での指示のみだと、伝え漏れや聞き逃しがあり、イメージ通りの仕上がりとならない可能性があります。そのため、必ず原稿を作成して伝えます。

◎原稿作成のパターン

原稿作成のパターンとしては、こちらから簡単でもレイアウトを作成し伝える場合と、イメージを言葉などで書きとめておいたものを渡す場合に加え、別のイメージ例や前回作成時の原稿からイメージ換えするというやり方もあります。

当然、受け取る側は、イメージ画などがあると理解しやすいですが、必須ではありません。無い場合は、デザイナーがヒアリングを行い、イメージの確認をしていくことが多いようです。

まれに、デザインをすべて自身で作成する場合もありますが、そのような場合にもデザインの作成基準については、依頼する印刷業者に確認をする必要があるので、デザイン作成業者を仲介に据えることは有効であると言えます。

●業者に原稿を渡し、内容についての打ち合わせをする

◎原稿サイズの選択について

原稿のサイズについては、基本的には、情報量や使用用途、予算によって決まります。原稿には規定のサイズがあります

が、規定外のサイズを指定することも可能です。ただしその場合は、費用も高額となりやすいようです。

　新聞折込の場合、サイズによって折り込み料金も変わってくるので、双方合わせた費用の概算を出し、予算を考える必要があります。また、印刷用紙も厚い紙を使用すれば、通常その紙代の分費用が上がることになりますし、二つ折りなど加工方法によっても料金が変わる場合があります。

◎印刷の方法やサイズについて

（袋断裁・化粧断裁）

　袋断裁とは、白い縁がある印刷方法です。最も安価な印刷方法です。

　化粧断裁とは、その白い縁をカットして仕上げる方法です。別途断裁料がかかる場合が多く、納期も多少長めに必要となります。

（サイズ）

・B5

　新聞折込では一番小さいサイズで、基本的には安価です。B5サイズ以下の折込も可能ですが、かえって折込代が高くなる（割増料金）ことがあり注意が必要です。また小さすぎて目に留まる率も下がってしまう可能性が高くなります。原稿が小さいと、費用が安くなる反面、情報量の掲載には限度が生じることになります。

・B4

　新聞折込チラシでは定番のサイズと言えます。印刷代・

折込代・情報量等を考慮すると一番コストパフォーマンスに優れていると言えます。また、折加工等を加えることにより、チラシだけではなく他の販促ツールとしても幅広く活用することも可能となります。

・B3

　圧倒的な情報スペースが魅力です。また、スペースを利用してシンプルなものを大胆に表現できるのもこのサイズならではです。新聞折込では2つ折のB4サイズにて折込されることになります。

・A4

　折込でも使用されますが、ほとんどは小部数のパンフレットやカタログとして選ばれるサイズです。折加工等のアイデア次第で使用用途は多彩となりますが、通常は納期を要し、費用的にも高く付くことが多くあります。

(色数の選択について)

　通常、1色、2色、4色（フルカラー）があります。当然色数が多いほうが費用として高額になるので、用途と予算によって何を選択するかを決めることになります。

　例えば、素敵な色づかいの事業所の飾り付け広告をしたいのに、1色印刷ではせっかくの色が伝わりません。本当はおいしそうな食事なのに、2色印刷ではいまいちおいしそうに見えず、別の食べ物に見えることもあります。また逆に、下手にカラーを多用しすぎて、ごちゃごちゃして見づらいものになることもあります。

　写真がないから1色で、写真があるからフルカラーでとい

う考えも正解とは言えません。1色でも濃淡で写真表現は可能であり、文字だけのシンプルなチラシもほんのわずかな写真素材やイラスト等でインパクトのあるデザインも可能となります。このあたりは業者やデザイナーに相談をする必要があります。

◎写真の準備について

　施設の内外観、利用者の活動中の写真、介護職員の顔写真等、依頼側からしか準備をできない写真については用意しておく必要があります。スマートフォンやデジカメ画像でも、極端に大きく引き伸ばして使わないのであれば、画素数が足りないということはありません。もし、かなりこだわりの写真が必要であれば、カメラマンの手配も検討しなければなりません。

　背景や模様、イラスト等のイメージ写真などは、通常デザイン会社が版権を所有する素材を持っており、その中からイメージに合うものを探すことになります。イメージに合わない場合にも、その素材を加工・合成することによりイメージに近づけることができるようになります。

●デザイナー作成のイメージサンプルを受け取る

　伝えたイメージを元に、デザイナーがサンプルデザインを作成します。サンプルデザインについては、データ転送が可能な形になっているので、メールなどを介してやり取りをすることで時間の短縮にもなります。

●サンプルを元に内容の確認、修正を行う

　第一回目のデザインを確認したのち、内容の修正作業が必要となります。本作業は、デザイナーとの面談による会話を経たほうが、より具体的にイメージが伝わりやすくなりますが、どうしても時間が合わなければ電話やメールでもやり取りが可能な場合があります。

　初回のイメージ伝達フェーズ同様、可能な限り具体的なイメージを伝達していくことが重要となります。また、依頼業者によっては、修正は一回のみと限定している、もしくは追加料金を設定しているところもあり、確認が必要となります。

●値段、日付などの最終打ち合わせを行う

　デザインの作成に時間を要してしまった場合は特に、状況が変化して価格や日付を当初の予定から変更しなければならない事態が生じることがあります。デザイナーとの最終確認として、変動しやすい細かい点をチェックすることが望ましいと言えます。

●印刷が開始される

　チラシの印刷が発注されると、デザインの修正など一切の変更が利かなくなります。デザインの最終確認後、承認を出すのは依頼側の責任となります。

　依頼業者にもよりますが、印刷物は直接新聞の販売所などに配送され、指定日の折込依頼までに折込が行われることが多いです。

●チラシ広告の配布方法

　一口にチラシと言っても、その種類は多種多様で、情報量により片面制作・両面制作を決定し、明確化されたターゲットに向けた情報訴求が必要なことは言うまでもありません。また、ターゲットを想定した戦略的な企画を立案し、デザイン制作を行っていかなければ、費用対効果の高いチラシに仕上げることはできません。いつ、どこで、誰に、何を、どのようにして伝え、その配布方法（配布媒体）が何であるかを念頭に置きながら、費用対効果の最大化を目標に据えてのデザイン制作を行う必要があります。

■各チラシの特徴を把握

●新聞折込の特徴

　新聞折込は、サイズ・用紙等の仕様選定からデザイン表現に至るまで、媒体特有の効果的な訴求方法が存在します。チラシの新聞折込を実施する際は、媒体の特徴を理解し、戦略的な企画のもと計画的に実行していくことで、はじめて効果的なチラシ配布を実現することができます。

　チラシ新聞折込の費用対効果を高めるには、①新聞折込の特徴を深く理解する、②市場のニーズを掴む、③掲載情報を精査する、④魅力的な企画を立てる、⑤インパクトのあるコピーや魅力的な写真でデザインを構成する、など計画的な実施が必要不可欠です。

サイズ

　新聞折り込みに使用されるチラシサイズはB4サイズが主流となり、それ以上の規格の場合、折り加工するなどの二次加工を行う必要があります。B5サイズやA4サイズなど、コンパクトサイズでの折込も可能ですが、多い時には10種以上折り込まれるチラシに埋もれてしまい、目立たない可能性が懸念されます。

用紙

　新聞折込には大量のチラシを要することから、流通量が多く低コストなコート紙が使われるのが一般的ですが、企画次第で質感の良い用紙が使用されるケースも見られます。また、高級型有料老人ホームなど高級感を演出するチラシでは相当の厚紙が使用されるケースも多く見られます。

デザイン

　同時に折込される多種多様なチラシの中で、優位性を訴求しなければならない折込チラシは、キャッチコピーやキービジュアルでの興味誘引が不可欠で成果に多大な影響を与えます。すなわち、消費者が目を奪われるような強烈なインパクトも時には必要です。デザイン、レイアウト、色彩、コピー、写真の各コンテンツにおいて、目標を明確に定めての紙面構成が不可欠と言えます。

(配布エリア)

新聞折込は、新聞専売店毎の指定配布となり、同地域でも新聞社により配布エリアが若干異なります。

(折込日)

新聞折込は月曜を起点に週末に向け増加する傾向があります。月曜は特にチラシが少なく、1〜2点ということも珍しくありません。スーパーや量販店のチラシは、水・木に配布される事が多く、金・土になると、マンションや戸建て住宅などの不動産案内が大半を占めることになります。近年、減少しつつありますが、日曜は求人チラシが多数折り込まれる地域もあります。

介護事業所のチラシは、マンション等不動産関係のチラシの中に紛れてしまいやすいデザインであることが多いため、その曜日を避けることが重要です。また、求人案内をセットで掲載しているチラシであれば、週末の求人案内と同じタイミングを狙うことも有効です。

●ポスティングの特徴

ポスティングは人海戦術で行われるため、新聞折込と比較して配布コストが高く、配布に期間を要します。このことは非常に重要で、「自事業所の職員を使っているから配布料金はタダ」と勘違いをしてしまうと、費用対効果で大きな成果を得られないことになってしまいます。当然、自事業所の職員が配布をしても、職員に給料を支払っている以上有料とな

り、しかもプロが配布する場合に比べて圧倒的に配布効率が低いことを理解しなければなりません。

ポスティングを活用する際は、媒体の特徴を理解し、戦略的な企画のもと計画的に実行していくことで、はじめて効果的なチラシ配布を実現することができます。チラシポスティングの費用対効果を高めるには、①ポスティングの特徴を深く理解する、②市場のニーズを掴む、③掲載情報を精査する、④魅力的な企画を立てる、⑤インパクトのあるコピーや魅力的な写真でデザインを構成する、⑥ポスティングエリアを検討する、など計画的な実施が必要不可欠です。

サイズ

ポスティング用チラシは、ポストの間口に入れやすく、配布の容易なB5サイズ以下のコンパクトサイズに仕上げるのが一般的です。A4サイズ以上の場合は、二つ折り・巻三つ折りなどの折り加工が施されます。人海戦術で配布されるポスティングチラシは、紙型や添付物などの規定もないため、チラシを丸型に型抜きしたり、ノベルティ配布を依頼したりすることも可能です。

用紙

一般的にポスティングは、バイク、自転車、徒歩のいずれかで配布が行われることから、持ち運びできる物量や重量に限界があり、厚手のチラシやサイズの大きなチラシは配布効率が著しく低下します。

デザイン

　多い日には1日に10種以上ものチラシが投函されこともあるため、多くのチラシの中でも際立ち、直感的に内容の理解できる魅力的なデザインに仕上げなくてはなりません。目標を定め、ターゲットを明確化した企画制作が不可欠です。

配布エリア

　ポスティング業者は独自の配布部数表を有しており、50～100部単位で市区町村を限定した軒並み配布の他、戸建指定、団地除外等、細やかな配布指定も可能です。自事業所の地域を指定しての配布が可能であると効率が上がります。

時期・季節・天候

　雨の日は、チラシが濡れてしまい媒体価値を保てないことから、配布を行わないのが基本となり、雨天が続くと配布完了までに期間を要することがあります。梅雨時期や積雪の多い地域では、天候による配布遅延を想定し、配布方法の変更（新聞折込に切り替える等）も事前に検討しておかなければなりません。

配布日

　人海戦術で一軒一軒配布されるため、配布完了までに一定期間を要します。配布日を指定することもできますが、天候により配布不可となる場合もあります。投函されるチラシの量は、新聞折込同様、週末に向け増加する傾向があり、配布

されるチラシは不動産情報が最も多く、高齢者向け住宅の案内はその中に埋もれてしまう可能性もあります。

●ダイレクトメールの特徴

　ダイレクトメールは、自事業所のサービスに興味のある、もしくはターゲットとして明確な見込み客に向けた情報発信となることから、訴求力重視ではなく、メリットを細部まで打ち出した情報提供であることが理想的です。ダイレクトメールを活用する際は、媒体の特徴を理解し、戦略的な企画のもと計画的に実行していくことで、はじめて効果的なダイレクトメール販促を実現することができます。

　新聞折込やポスティングと比べ、1通当たりの発送単価が高額となるダイレクトメール発送では、発送コストをいかにして抑えるかが費用対効果に大きく影響します。ダイレクトメール発送の際には、発送料金、配送期間、転送など、委託業者の特徴を多角的に比較・検討し、状況に適した業者選定を行うことが必要です。

サイズ

　チラシを活用してのダイレクトメール送付を行う場合、チラシ単体での発送が困難なことから、封筒に収めての発送となります。角2（A4が入るサイズ）封筒に収まるサイズが一般的なダイレクトメール扱いとなり、それ以上は宅急便扱いとなります。近年では、郵便局による郵送以外にも民間の宅配業者によるメール便サービスなどがあり、発送物のサイズや重量に合わせて、条件の良い発送方法を選択できるように

なっています。

用紙

　一般的にチラシで利用される用紙の場合、封入しての発送を行わなければなりませんが、郵便はがきで利用されているタイプの厚紙であれば、封入せず直接のダイレクトメール発送が可能になります。

封筒

　封入してのダイレクトメール発送は、"開封"していただくアクションがあってはじめてターゲットへの情報訴求が可能となることから、封筒には"開封したくなる仕組み"や"アイデア"の付加が必要となります。比較的容易な方法に、開封せずとも中身の見えるPP袋（透明）の活用や、封筒デザインへの工夫があげられます。

発送料金

　郵送の場合、一定の条件をクリアすることで、通常の郵便料金より割安の広告郵便割引が利用できます。近年では、民間の宅配業者によるメール便もあり、サイズ等の諸条件に合わせ郵便よりも割安なダイレクトメール発送を利用することもできます。ただし、郵便局は移転先への転送サービスがあるのに対し、メール便には同様のサービスがなく、転居・移転がある場合は宛先不明となってしまいます。※2017年11月現在

> 配布エリア

　新聞折込やポスティングは、地域を特定した不特定多数への情報訴求ができるのに対し、ダイレクトメールは地域を限定せず、全国（又は世界中）に点在するターゲットを特定しての情報訴求ができるという特徴を持ちます。ダイレクトメールは顧客情報を有する場合に用いられ、不特定多数への広告に比べて反響率は高いことが見込まれます。

●チラシ委託設置の特徴

　委託設置されるチラシは、介護事業所の場合、A4サイズから巻三つ折り加工されたリーフレット型、はがきサイズの1枚型などが多く用いられます。配布料を必要とする広告宣伝とは性質が異なる委託設置では、サイズやデザインなど、委託先の利益を損なわないよう、様々な配慮が不可欠です。

　チラシの委託設置は、委託側と受託側の人間関係により成立することが多いことから、チラシの委託設置により関係性を崩すことのないよう、受託先にはできる限りの配慮を行うよう心がけたいものです。

> サイズ

　チラシの委託設置は、委託先の好意により、店頭・休憩室・レジ横などのデッドスペースを有効活用して設置される事が多いため、設置しやすい小型サイズで仕上げなければなりません。大きくてもA4サイズを巻三つ折りに仕上げたリーフレットサイズ程度とするのがマナーとなります。

用紙

薬局やクリニックなど来店型店舗への委託設置の場合は特に、お客様の往来やドアの開閉による風の流れで舞ってしまうような薄紙チラシは避けるべきです。また、委託先の品位を損なう可能性のある低品質な用紙を用いたチラシであってはなりません。

デザイン

新聞折込やポスティングなどの配布方法と異なり、消費者意思によりテイクアウトされるチラシであることから、直感的に要点の伝わるデザインに仕上げる必要があります。また、複数箇所へのチラシ設置が想定される場合、どの委託先においても委託先の利益を損なう事のないよう、できる限りシンプルなデザインで仕上げるべきです。

設置方法

役所や公共機関への委託設置の場合、専用ラックが設置されていることが多いことから、制作時には委託先の状況を事前に確認する必要があります。また店舗などの場合、店頭・休憩室・レジ横などのデッドスペースを活用しての設置が一般的であることから、制作サイズに配慮しなければなりません。平置きはスペースをとるばかりでなく、ほこりが溜まりやすいので、委託時には設置用ケースを預けるなどの配慮も忘れてはなりません。

●電子チラシの特徴

インターネット上にチラシを公開することで、ユーザーは能動的にチラシを閲覧することができるようになります。空きベッドの状況など、定期的にチラシ配布を行っている場合、チラシの掲載情報に期待を寄せる消費者も多いことから、紙面上にホームページへの電子チラシ掲載を打ち出し、ユーザーがいつでも能動的にチラシを閲覧できる環境構築を行うべきです。

自事業所のホームページへの電子チラシ掲載は、直接的な集客効果が期待できるのはもちろんのこと、ホームページに掲載されたその他情報の閲覧による二次的な効果も期待できる、費用対効果に優れた広告手法です。定期的にチラシ配布を行っている事業所であればあるほどその効果は高く、顧客の囲い込みに多大な成果をあげています。

サイズ

インターネット上に公開する電子チラシにサイズの制限はありませんが、閲覧状況はユーザーのモニターサイズにより異なるため、様々な配慮が必要となります。データサイズが重くなるとモニター表示に時間を要し、ユーザビリティに欠けるので注意が必要です。Webサーバにアップするデータ形式は画像形式とPDF形式の2種類に大きく分けられます。jpgやpngなどの画像データの場合、データサイズにより鮮明度に大きな差が生じるので注意が必要です。それに対しPDF形式は、テキスト情報を鮮明に表示することができる他、複数枚に渡るデータのダウンロードも容易なことから、多く

の電子チラシに採用されています。

デザイン

　電子チラシに限った事ではありませんが、チラシはターゲットに与える第一印象が費用対効果に大きく影響することから、興味を誘引するキャッチコピーやキービジュアル（写真・イラスト等）に配慮したデザインに仕上げたいものです。また電子チラシは、モニター上での閲覧となり細かい情報訴求に不向きであることから、電子チラシの必要性が高い場合は、デザイン制作時にできる限り大きな文字で全体を構成する等の配慮が必要となります。

3）映像制作の手順

■映像制作会社の選択

　現在、映像制作会社には請け負う業務内容から、揃っている映像制作の機材、スタッフの人数まで、大小様々な規模の会社が非常に多く存在します。

　映像制作をすることになった場合、例えばCM、DVD映像、イベント映像、ホームページやタブレットで視聴するための映像など様々な使用用途や目的があり、もちろん予算やスケジュールにも限りがあります。

　その中で「どのようにして、自分が制作したい映像に合った映像制作会社を選ぶか」のポイントをご紹介していきます。

●目的を明確にする

　　映像制作で大切なのは、依頼側が最終的に何を達成することをゴールとするのか、目的や目標を明確にすることです。例えば映像を使って、

　　「自事業所のサービスに対する見込み客の理解を深めること」
　　「母体となる法人のイメージアップをはかること」
　　「映像を使って自事業所への成約率を30％増やすこと」

など、映像を見てもらう視聴者の方に「何を伝えたいのか」そして「何を映像のゴールにするのか」を十分に検討しておくことが、成功する映像制作への第一歩です。

●一番大切なことを決める

映像制作の目的を明確にしたら、これから行う映像制作で一番大切にすることを考える必要があります。それは例えば「せっかく作るのなら、完成した映像作品のクオリティにはこだわりたい」「納期を急いでいるので、とにかく早く柔軟に対応してくれる会社がいい」「今後も積極的に映像を制作していく予定があるので、長く付き合えるような感覚の合う会社がいい」など、一番大切にしたいことを基準にしながら映像制作会社を選ぶ「意識」を持つことが大切となります。

●映像制作会社ごとの得意分野を見極める

初めて映像制作を依頼する会社を決定する場合、一番心配になるのは、その会社がどれだけのクオリティの映像を最終的に提供してくれるのかという点だと思われます。

それぞれの映像制作会社には、その会社が最も得意としている技術的分野や内容があるので、そこを見極めることが重要となります。

技術面では、例えば企画から撮影、編集までトータルで映像制作が可能な会社。内容面では、例えばマンション等の物件紹介映像に強い映像制作会社や、企業の会社案内の映像制作等が得意な会社など、会社ごとに得意な「業界、分野」が

あります。

技術面にも内容面でも得意分野を持っている会社であれば、その会社「独自のノウハウ」が蓄積されている会社と言えます。

その技術面や内容面の判断基準として参考となるのは、その会社の映像制作実績です。映像制作実績に掲載されている映像をいくつか見ることで、その会社が得意な「業界や分野」を把握することができますし、「デザイン力やセンス、映像のテンポの良さ、分かりやすい映像かどうか」などの感覚的なことも確認できます。それによって、その会社の得意分野やその会社の品質のレベルが感じ取れると思います。

■映像制作の流れ

●制作前に決めておくこと

映像制作で一般的に必要な工程は、依頼者側がどのような用途での映像制作を希望し、ターゲットや目的は何か、その上で最終的にどのような映像を作りたいかによって異なってきます。

映像の企画作成から行う最も一般的な映像制作の工程は、以下のようになっています。

打ち合わせ⇒企画・台本の作成⇒映像撮影⇒映像編集⇒音楽・ナレーションの収録

●打ち合わせ

依頼者側がどのような映像制作を望んでいるかを制作者側に伝えるために、最初に打ち合わせの場を設けます。例えば

「現在どのような問題を抱えているか、映像のターゲットは誰か」など、独自のヒアリングシートを使いながら進める場合もあります。

その上で、最適な制作の手法や費用、納期などについても打ち合わせをしていきます。

映像制作をする際、社内で準備しておくべきことは

いざ映像制作をすることが決まっても、何を準備しておけば良いのか分からないものですが、そこは映像制作会社側から指示があります。中には、映像制作の初めての打ち合わせの際に、依頼者側の映像制作の目的や現在の問題点がより明確になるように、細かくヒアリングをするところもあります。そうすることにより、依頼者側自身の中だけでは漠然としていた映像制作をする目的や現在の問題点が明らかになり、ターゲットに対して「しっかりと伝わる」映像制作ができるようになります。

ヒアリングの一例

- 法人、事業所の業務内容、サービスの特徴
- 映像制作を行うに至った経緯
- 視聴者のターゲットについて
- 映像制作の効果や目的。映像を制作した際のゴール設定

想定される打ち合わせ内容

- 想定されている完成映像のおおよその長さについて
- 用意できる素材の有無について
- 企画の有無（映像の企画から制作会社に依頼することもある）
- 編集に関する要望
- 音楽、ナレーションの有無
- 最終的に希望する納品形態

これら打ち合わせの結果により、「最適な制作体制、必要な制作期間、費用」などについても決まっていきます。

●企画、台本の作成

映像企画、台本、絵コンテの作成は、映像作品の善し悪しを大きく左右する重要な項目となります。

依頼者側と映像制作者側との打ち合わせのあと、映像制作に対する要望を踏まえた上で、制作者側が映像企画書を作成します。台本や絵コンテを作成することで、撮影の前からどのような映像作品ができ上がるのか、最終的なイメージを共有し、依頼者側の持つイメージのずれを最小限に抑えます。

映像企画の提案

依頼者側からのヒアリング事項を元に、制作者側が映像制作の企画を提案します。企画は映像作品の善し悪しを大きく左右しますが、依頼者自身だけでは良いアイデアの切り口は見つからないものです。そのあたりは、映像制作側に一任す

るべきでしょう。

台本、絵コンテの作成

台本は実際の制作に入る前に、これから制作する映像作品の内容を把握する上での「道しるべ」です。撮影前に必要な要素を洗い出すことで、撮影時の時間や予算の無駄を省きます。

また、台本や絵コンテを作成することで、撮影前に依頼者側と制作者側との間で可能な限りイメージを共有します。撮影前の映像企画の段階で、台本や絵コンテを作成することは、より良い映像作品を制作する上で非常に重要です。

●映像撮影

映像撮影は、カメラや照明など撮影機材の選定、カメラマンやモデルなど撮影スタッフや撮影スタジオの手配、スケジュールの管理など、様々な要素を同時にコントロールする必要があります。

映像制作会社はカメラマン、カメラ機材、照明機材などを手配して撮影場所へ赴き、撮影を行います。撮影を円滑に進めるため、出演者への指示、撮影する構図などを決定するディレクターも撮影現場に立ち会います。

●映像編集

映像編集の善し悪しは、完成作品のクオリティに直結します。

撮影を行った映像や写真素材、ロゴ素材などから映像編集を行います。撮影された映像は、単純に不要な部分をカット

し繋げるだけでなく、映像に対しデザインの要素を加えた上で映像編集を行います。

個々で必要なことは、ただ見た目の綺麗さなどに頼るのではなく、制作している映像が伝えたいメッセージを明確にする、目標達成のために必要なデザインを加えていくという考え方です。

視聴者に分かりやすく伝わるポイント

制作した映像で、伝えたいメッセージを分かりやすく伝える。それを可能にするのがデザイン性のある編集です。複雑になりすぎないシンプルな表現方法をとることで、より多くの人に分かりやすく感動のある編集となります。

また、飽きさせないテンポの良い映像編集が重要となります。映像は、視聴者の方の時間を長く拘束してしまうメディアです。それだけに、飽きさせない、最後まできちんと見てもらえる編集が必要です。視聴者の方に、飽きずに最後まで映像を見てもらうためには、ストーリー性とテンポの良い編集を行うことが大切です。メッセージを詰め込みすぎず、必要以上に長い映像を見せないことが大切です。

●音楽・ナレーション収録

映像作品の「絵」と同様に、「ナレーション」や「音楽」も人々に感動を与えるとても大切な要素です。

通常は編集を行った完成間近の映像に対して、音声、ナレーションを挿入します。映像制作側の持つオリジナルの音楽制作や著作権フリーの音楽ライブラリーから音楽を使用できま

す。また、ナレーションをつけることで、より分かりやすい完成映像を制作することができます。

第3章 事業所・法人のイメージアップ戦略

4）自作での映像編集

　映像編集を専門業者に依頼する場合、品質面での信頼はあっても、費用や時間の制約があり頻繁に依頼をすることはできません。特に昨今、タブレット端末などの普及により、手軽に施設内の様子などの動画をその場で見せたり、配信したりすることが可能となり、映像の作成サイクルも早さが求められ、もっと手軽に映像を作成できるツールが重宝されてきています。

　従来映像編集とは、ある程度の知識と根気が求められるものでした。むろん、きちんとしたものを作ろうと考えた場合では、現在においても腰を据えて作りこまねばならないことは変わりありません。しかし、窓口訪問の際に、単に数枚の写真を見せるならもう少し見栄えの良いものを用意したいという要望なら、いくつかの方法があります。

　自作で手軽に取り組むことのできる映像編集ツールといえば、スマートフォンやタブレットのアプリケーションが最も簡素化して使いやすいものとなっているでしょう。例えば、大手メーカーのスマートフォンなどに標準的に入っている映像編集アプリでは、機能のひとつとしてすでに映画の予告編のようなフレームができており、そこに映像といくつかの言葉を入れるだけで、案内に適した映像作品ができます。また、動画に限らず、複数枚の写真をスライドショーのような形で音楽に合わせて表示し、字幕も入れ

ることで動画のような仕上がりにできるアプリも数多存在します。

第3章　事業所・法人のイメージアップ戦略

5）ホームページ制作

　ホームページを作成する場合、どのような目的で、どのようなものを作るのかによって、難易度、作成するべき方法、使うべきソフトなどが変わってきます。パソコン初心者が安易に陥りやすい罠としては、ホームページとは自分で作り、自分で更新していくべきものと考えてしまうことです。

　初心者がHTMLやCSSなどソフト開発の知識をゼロから覚えていくことは、かなりハードルが高く、特に趣味ではなく事業のために制作することはお勧めできません。作り始めてから「失敗した」という時間的なロスをなくし、自分の目的に合った適切なホームページの作り方を見つけるためには、まずホームページとはどのようなものであり、どの道筋が費用対効果の面で最も効率的であるかを理解する必要があります。

　ここでは、ホームページ制作に関する技術的な手法については掲載していません。あくまでホームページ制作への道筋を示し、自身で着手するのであれば何を準備し学べば良いのか、専門業者に任せるのであればどのような基準で選ぶべきかについて提案します。

■ホームページはなぜ見ることができるのか

　自身で制作したものを簡単に世界中に向けて公開をすることができる、これこそがホームページの大きな長所です。では、なぜそのようなことが可能なのでしょうか。

　ホームページとは、作っただけではまだ自身のパソコンのみでしか見ることができません。自身のパソコンとは別のサーバという場所に作ったページを置いておくことで、初めて他の誰かから見ることができる状態になります。サーバとは、いわば店舗の商品陳列棚のような場所であるといえます。

　つまり、基礎的な情報として「サーバを持っていないとホームページを公開できない（誰かに見てもらえない）」ということを理解しなければなりません。

　では、その「サーバを持つ」ためにはどうすれば良いのでしょうか。

　まず、無料でレンタルできるものがあります。

　いろいろなところが無料レンタルをやっていますが、性能的に普通のホームページを公開する分には、問題があるわけではありません。しかし、大きな問題として、自身の管理下にない広告が入ってきてしまうことがあります。無料サーバは、広告を自動的に貼付けることで収益を得て運用されているので、基本的にこれを避けることはできません。

　インターネットサービスプロバイダーから無償提供されるサーバスペースを利用する方法というものもあり、その場合は広告類が入ることがありませんが、置くことのできるデータ容量に相当

の制限が生じてしまい、思うようなページを展開することができません。

つまり、事業で用いるために、信頼できるサーバにホームページを置こうとするのであれば、有料のサービスを利用することが最低条件となります。

有料のサーバを利用する場合、無料に比べて信頼度が格段に上がることもありますが、もうひとつ独自ドメインを取得できるという大きなメリットもあります。

ドメインとは、インターネット上の場所を示すデータです。「サーバ」がインターネット上の「土地」と考えると、「ドメイン」はインターネット上の「住所」にあたるもので、「http://xxxxxxxxxx.xxx」のような形で示されます。

つまり、ホームページをインターネットで公開するためにはホームページ自体のデータだけでは不足であり、「サーバ」と「ドメイン」をセットで取得する必要があります。

独自ドメインとは、上記の「xxxxxxxxxx.xxx」となっているところを、組織名や店舗名などの名前（アルファベット）で示されたもののことを指します。前述の例で言えば、住所にまで自分の店舗名が示されている状態に近いといえます。

独自ドメインを持つことの優位点は、しっかりとした信頼できるホームページであるという印象を見ている相手に与えることができる点があげられます。

■ホームページの作成方法と特徴

● 自身でHTMLを組む（時間：大　費用：小）

　HTMLは、習得しやすいプログラミングであると言われていますが、それでも初心者に対するハードルは非常に高いものです。また多くの時間をかけてホームページを制作できるようになったとしても、デザインセンスなどは別問題であり、理想通りのものが仕上がるとは限りません。

● 市販の作成ソフトなどを用いて作成する（時間：中　費用：中）

　市販のソフトを使用する場合は専門的知識が必要ないわけではなく、基本的なHTMLの知識、サーバやドメインなどの理解も必要です。そのうえ、ソフトによっては表現が制限されることもあり、オリジナリティに欠けるものしか作れないということもあり得ます。

● CMSツールを利用して自分で作る（時間：中　費用：中）

　CMSとはコンテンツマネージメントシステムの略で、専門業者と市販のツールの中間的な位置付けの作成システムです。基本的に専門知識は不要で、制作手順やサーバへのアップロードなどを支援してもらえるので使用しやすいツールです。しかし、結局はデザインなどから自身で手がけなければならないことが難点といえます。

●専門業者に依頼をする(時間:小　費用:大)

　イメージを伝達し、素材を渡すことで、制作から管理までを委託することができます。時間的効率は圧倒的に高く、しかもデザインまで引き受けてもらうことで理想的な仕上がりを期待することができます。しかし、その分高額です。また、ホームページ制作を掲げるネット上の会社は非常に多く、その選択には注意を払う必要があります。

■ホームページ制作会社の選び方

　ホームページ制作会社は、一人で活動しているフリーランスから、資本金が億単位の会社まで、星の数ほどあります。参入障壁が低い業界なので、どちらかというと小規模な会社がほとんどです。そのため、発注側企業は、どの制作会社に発注すべきか本当に迷うようです。

　結局調べてもよく分からないので、いくつかの企業に相見積もりを取って感覚で決めたり、知り合いに頼んだりして良い成果が得られないこともあるようです。

　ホームページ作成会社の良し悪しは、ひとつの基準では計れません。発注側の会社の規模や業種、ホームページ自体の規模や内容、受注側の制作会社の規模や体制・担当者によって、得意・不得意があるからです。

　ある大企業のマーケティング部などは、いくつかの制作会社をプロジェクトに応じて使い分けています。中小企業でもそのようなことができれば理想ですが、ブランドサイトをいくつも持っている大企業でない限りは難しいのが現実です。

■ホームページ制作会社が
やること、できること

　多くのホームページのアクセスが、検索エンジン経由です。検索エンジンの検索結果に自社のホームページが無ければ、たとえ1,000万円かけたホームページであっても、なかなか見てくれる人は増えていきません。

　一度制作したら、あとは勝手にたくさんのアクセスがあったのは、ホームページの数がとても少なかった10年以上前の話です。今は星の数ほど多くのホームページがある時代です。その莫大な数のホームページの中から、自社のホームページにアクセスしてもらうためには、SEO/SEMを含めたその後のプロモーション活動が不可欠になります。そのため、ホームページの制作を検討したならば、制作費だけではなく、必ずその後の運用やプロモーションについての予算も考えておくべきです。

　ホームページ制作会社もひと昔前と違い、美しいデザインが作れるというだけの訴求に頼るのではなく、SEO/SEM対策やユーザビリティやアクセシビリティ、コンテンツ内容に関するコンサルティング等、それぞれの特長をアピールするようになりました。それらの業務はホームページ制作に含まれる場合もあれば、有償の場合もあります。いずれにしても、制作後の運用やプロモーションは有償だという大前提を忘れないようにしましょう。

■SEO
(Search Engine Optimizationの略)

　検索エンジンでサイトを上位表示させる手法です。SEO対策とはタイトルタグ等のコンテンツ要素、リンク要素を検索エンジンロボットが理解しやすいように、ホームページ制作会社等が手を加えることを意味します。

■SEM
(Search Engine Marketingの略)

　Yahoo!やGoogle、MSN等の検索エンジンで上位表示され、アクセス数の増加を目的とし、検索エンジンに重要度が高いと認知させるためのコンテンツ充実を行うことを指します。その中にはSEO対策と呼ばれる、タイトルタグのコンテンツ要素、リンク要素を検索エンジンロボットが理解しやすいように、ホームページ制作会社等が手を加える手法なども含まれます。

■ユーザビリティ (Usability)

　一般的に使い勝手のよさ、利便性、取り扱いの容易さ、分かりやすさという意味で用いられます。

■アクセシビリティ（ Accessibility ）──

　「近づきやすさ」という意味の英単語です。インターネット用語では、どのような人でも（高齢者やパソコンに不慣れな人、ハンディキャップがある人等）利用しやすいという意味で使用されます。

　例えば、視覚障害者の方は、印刷した文字を読むことはできず、「情報障害」であるとも言われます。しかし、専用の読み上げソフトを使うことで、ホームページから新しい情報を取り入れることが可能になりました。そのような視覚障害者が利用する音声読み上げソフトに対応したホームページなどを制作することを「アクセシビリティを考慮したホームページを制作する」と言います。

2 広告宣伝物の研究

ポイント

●広告宣伝物を効果的に活用することの重要性を理解しましょう

●広告宣伝物の効果を阻害する4つのポイントを理解しましょう

●自事業所の広告宣伝物の四不がどこに当てはまるかを見てみましょう

1)「四不」不信・不要・不適・不急を排する

広告宣伝物、特に新聞折込チラシなど、興味の対象になった際にじっくりと読み込まれる素材については、目を引く強みのある

文句も大切ですが、読み手にマイナスのイメージを抱かせない、興ざめにさせないこともまた、数ある宣伝物の中から選ばれていく重要なポイントです。

広告宣伝物の読み手を興ざめにさせるポイントとは、次のようなものと言えます。

■不信

信じることができない、つまり信頼できないということです。

信頼度を失った宣伝物には、いかに壮大な強み文句が謳われていたとしても、誇大広告にしか見えません。むしろ壮大であればあるだけ逆効果となってしまいます。

不信を排するためには、仮定的な文章や、商品の良い側面ばかりを強調する煽り文句を使用しないことが大切です。事実を端的に述べる、信頼できるデータのみを使用するなど、読み手に不信感を抱かせる隙を与えないような構成を考えるべきでしょう。

「四不」のうち、この不信のハードルが最も高いと言われています。まずはこの不信を取り除くべく、構成を考えるようにすべきです。

■不要

要らないことです。今は困っていないと思われてしまうことです。

一見すると、要らないのであれば仕方がない、ニーズがないのであれば売ることはできないとお思いになるでしょう。しかし、

コストをかけて制作した広告物でありながら、「ニーズの高まりを待つ」ことはあまりにも消極的です。お客様の現時点でのニーズに合わせるのではなく、お客様自身がまだ気付いていないニーズを掘り起こすくらいの気持ちで、広告物の構成を考えなければなりません。

ありきたりの内容だけでなく、既存のものとは異なる角度の内容を含ませるということが、不要に対する策となり得ます。

■不適

適さないことです。つまり読み手にこの広告の対象外であると考えさせないことです。

しかし、勘違いをしてはいけないのは、読み手全員を対象とした広く浅い内容にしましょうということではありません。読み手すべてが対象となるように手を広げた内容では、逆にすべての方がそれを我がことと深く捉えられずに読み飛ばしてしまいます。

大切なことは、すべての方から不適を除くことではなく、今まさに私たちがお招きしたいと考えている対象のど真ん中にいる一握りの方の中から不適を除くことなのです。

■不急

急がないことです。「商品が良いのは理解できたけど、今は急いでいないのでとりあえず検討しておきます」という状況を生み出していく要因です。当然この機会を逃した方が、次にこの商品を本当に検討してくれる可能性はきわめて低いと言わざるを得ま

せん。

　今が決断の時であると、読み手に対して心理的な圧迫も時には必要です。そのためには、広告物とはいえクロージングの技術をもって、読み手に訴えかける内容を掲載していかねばなりません。

　具体的には、居室の残り数がわずかであること、一時だけのキャンペーンが行われていることなどを表現し、読み手の判断を補助する役割を果たしていかなければならなりません。

第3章　事業所・法人のイメージアップ戦略

第4章
施設経営者・管理者が採るべき管理施策

1 成果を出すために必要な業務管理について

ポイント

●営業成果を明確にするために、数字で表せる目標を立てましょう

●営業活動の進捗を、管理表を用いて細かく把握しましょう

●やると決めたことはやりきるように、活動の経過を追っていきましょう

1）先行管理の考え方

　先行管理とは、立案された営業戦略に基づき、計画的に目標数値が達成されるように、先手を打って取るべき行動を管理する営業手法の基本です。

　営業実績管理が、すでに契約済みの入居者の数に基づき売上金額や空室など直近の数値についての管理を行うのに対し、先行管理はそこからさらに長いスパンで戦略を捉え、数か月先の目標を達成させるために今何をすべきかという取り組みの段階から、細かに営業担当者の行動を管理していく考え方となります。

　例えば、ある介護付き有料老人ホームにおいて、目標を達成させるために毎月3件の新規入居が必要だったとします。その老人ホームにおいても、体験入居を通じて生涯入居へと契約移行するのが王道の流れだったとして、過去の実績から体験入居の生涯契約移行率がだいたい50％であったとすると、毎月体験入居を6件受け入れなければならない計算となります。

　体験入居を6件受け入れるためにはどのようなプロセスが必要でしょうか。当然、お問い合わせを受けて、施設見学への誘致を経て、体験入居は生まれていきます。これも過去の実績から、この施設ではお問い合わせ件数の約20％が体験入居へと繋がっていくという分析がなされていたとします。すると、入居者紹介の中

心であるケアマネジャー（あるいは大規模病院のソーシャルワーカーもそこに加わって良いでしょう）から紹介される件数を、毎月30件は確保しなければならない計算となります。

　継続して月に30件の紹介をされることが多いか少ないかは、地域性や施設規模にもよります。しかし、少なくとも相応の紹介窓口との関係性が成り立っていなければ、地域性や施設規模云々の前に紹介をしてもらうことは叶いません。この地域において、営業担当者の訪問件数の約30％が紹介数に繋がるというデータがあったとすると、この施設では毎月延べ100件の窓口訪問が必要ということになるのです（P176：図4-1）。

　仮に、契約段階における確定案件をＳ案件、体験入居に至る案件をＡ案件、紹介をされた段階ではＢ案件と定義をしたとします。しかし、これら定義された案件はすべて紹介者側に主導権があり、紹介を受ける事業者側にコントロールをする権限はありません。いくら必死になって「入居者を紹介してください！」と懇願しても、実際にそれが紹介に繋がるとは限らないどころか、むしろ紹介率は低下していくことでしょう。つまり、果報は寝て待てというわけではありませんが、事業者側に求められるのは自分たちでコントロールすることができる窓口訪問件数を必要数以上にこなすことです。そして、それが一定割合でＢ案件となり、やがて数か月後にＡからＳへと同様に同じ割合で昇格していくか否かを監視していくのです。数か月先に成果が実ることを見越して、先行して計画的に自分たちの行える範疇の行動を済ませておくといった「プロセス」を経ていくことこそが、営業を行っていくうえで重要であり、やがて安定した経営を生み出す原資となっていくのです。

1　成果を出すために必要な業務管理について

第4章 施設経営者・管理者が採るべき管理施策

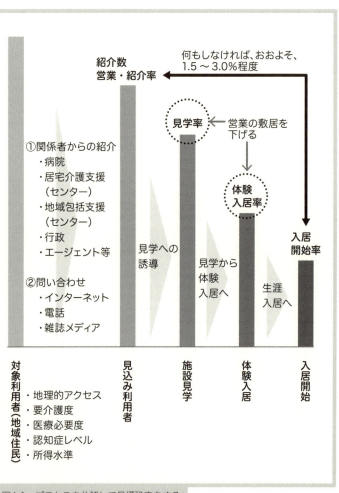

図4-1 プロセスを分解して目標設定をする

なお、先行管理を意識した営業活動を行うのであれば、一般的に次のような留意点が必要と言われています。

【先行管理における留意点】
- 理念・ビジョンを十分に理解していること
- 理念・ビジョンを達成させようという理解があること
- 実践主義であり、行動によって成果を上げるものであること
- スピード感が常に意識されていること
- 決められた事を決められたとおり実行しているか、チェック・コントロールすること
- 行動計画、行動管理を徹底し、やらざるを得ないシステムを組み込むこと

2）事業所・チームの目標を立てる

　先行管理には、複雑な手順も計算も必要ありません。ただ、施設における目標数値がきちんと定まっており、かつ先行管理を手助けする営業ツールが整っていれば、誰でも（たとえ、営業が苦手な相談員であっても）実施することができるのです。

　ここではそのうち、いかにして適切な目標を立てるかを考えます。

■施設の現状を把握する

　まず、施設の現状が把握されていなければ、適切な目標を立てることができません。最低限、以下のような施設の状況を把握しておく必要があります。

- 直近1か月の定員と空床数、そこから割り出される利用率
- 入院・外泊数も加味された稼働率
- 過去数年間の新規契約者数と、その紹介元分析。法人内と法人外の紹介割合
- 過去数年間の毎月の平均退居者数
- 体験入居（もしくはショートステイ）からの本契約への切替割合
- 毎月の問い合わせ数、見学者数
- 営業担当者における毎月の営業訪問件数

なお、前述の内容が施設でまとまっていないとすれば、極めてずさんな管理体制が敷かれていると判断せざるを得なくなってしまいます。少なくとも、それに気が付いた今からでも状況把握のデータ収集について大きな関心を払い、現状分析と目標設定に繋げていきましょう。

●目標となる利用率を定める

続いて、施設の目標を定めます。何を、どの程度の範囲で目指すのかを選択することは、その後の具体的な行動計画にも大きな影響を及ぼすため、適度なバランスが求められます。

ここでは、目標設定の考え方のひとつである、スマート（SMART）について解説をしていきます。

SMARTの考え方
◎Specific ＝ 具体的であること、分かりやすいこと
◎Measurable ＝ 計測可能であること、数字になっていること
◎Achievable ＝ 達成可能であること
◎Realistic ＝ 現実的であること
◎Timely ＝ 期限が明確であること

目標設定を、このSMARTに合致するように行うことで、意欲的に取り組める指針となります。

この考えに基づいた時、最も施設の課題に直結し、かつ測定もしやすい項目としては、やはり「いつまでに」「利用率を〇%」にするという設定が現実的であるといえます。

では SMART に照らして例を考えてみましょう。なお、ここでは定員70／100、利用率70%の有料老人ホームと仮定して進めていきます。毎月の平均退去者数は2名であり、内部ケアマネジャーからの紹介は1件／月はあると仮定します。

◎ **Specific（具体的）**：利用率について、半年後に80%、一年後には90%を目指す
◎ **Measurable（測定可能）**：上記数値は測定可能
◎ **Achievable（達成可能）**：この場合、半年ごとに10名の純増が必要なので、1か月平均では1.6名の純増で良い。ただし、ここでは月あたり平均2名の退居者が出ているため、純増を確保するためには新規利用者を3.6名／月で獲得する必要がある。ただし、そのうち1名は、内部ケアマネジャーからの紹介で計算が立つため、残り2.6名が新規獲得の目標数となる。これは、苦しいものの充分に達成可能な数値であるといえる。
◎ **Realistic（現実的）**：この数値は、荒唐無稽ではない、現実的な数値である
◎ **Timely（期限が明確）**：半年後、一年後と明確に期限を区切っている

このように、SMART に照らし合わせると、現実的で、かつ背伸びしてようやく手が届くような、自身にとってまさに丁度いい目標を定めることができるようになります。

■ターゲットを絞り込む

　目標を定めたら、次は計画を立てて具体的に実施をしていくことになります。その準備段階として、ターゲットを絞り込むことが必要となってきます。例えば月に100件の営業訪問を行うと計画を立てても、地域に何千とある営業訪問窓口の中から闇雲に対象を100件選んだのであれば、とても効果的な営業を行うことはできません。

　窓口訪問の営業を行う場合、まず対象は「紹介実績のある窓口」か、「新規の窓口」かに分かれます。どちらも重要な営業先ですが、まずは紹介実績のある窓口から分析をし、訪問計画に落とし込んでいきます。

　紹介実績のある窓口なので、訪問効果のある先と訪問する意義の少ない先に別れます。過去にわたるお客様の紹介先を調べ、その紹介先ごとに何年に、どの程度の数を紹介してもらえたかをリスト化していくと、その重要性がはっきりと分かれてくることになります。

　このリストからは、各紹介先の紹介頻度が導き出されます。そこで、その紹介頻度によるレベル分けを行います。レベル分けの定義は使う側の事情により異なってきますが、ここではその一例を示します（P182：図4-2）。

これまでの紹介実績(頻度)別にレベル分けをして、それぞれのレベルに合わせた営業施策を実施する必要があります。ミドルユーザーとの連携強化が稼働率向上に最も効果的が高いと捉え、最優先課題とします。

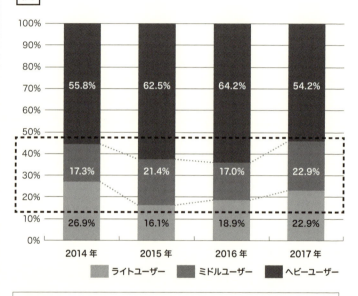

図4-2　紹介元の紹介実績別レベル分け例

ユーザーレベル別の営業施策	稼働率向上への効果
■ヘビーユーザーの営業施策 既に関係性ができているため、関係の維持、利用者の実績報告を密に行う。	中
■ミドルユーザーの営業施策 ヘビーユーザーと同レベルまで件数を高められる可能性が高い。連携を深めるための営業施策が求められる。	高
■ライトユーザーの営業施策 突発的な紹介の可能性もあり、優先順位はミドルユーザーに及ばないが、ミドルユーザーのレベルまで引き上げられる可能性がある。紹介が進まない要因を探る必要有り。	中
■新規開拓の営業施策 これまで紹介実績のない施設については、ツールを用いた初回訪問や継続的な情報発信など、関係性の構築がメイン活動となる。即効性はないが、中長期的な視点から活動の実施は必須である。	中

ここではヘビーユーザー、ミドルユーザー、ライトユーザーと定義を分けていますが、要するに既に当事業所をよく理解していて、紹介実績も非常に多いヘビーユーザー層よりも、年一度程度は紹介をしてくれていてもその先のヘビーユーザー化には繋がっていないミドルユーザー層の方が、訪問意義が高く実績に繋がりやすいということが見えてきます。

　もちろん、ヘビーユーザーもフォローが必要ないということにはなりません。紹介実績が多ければそれだけ普段からコンタクトをとる機会が多くあるはずで、その機会を十分に生かしながら、窓口訪問の計画には別の訪問先を入れていくと良いでしょう。

　新規の窓口を開拓していく場合、きちんと理に適った方向性付けを行い、目的意識を持って対象のピックアップを行っていく必要があります。

　その手法としては、まず前述した内容にもあるような周辺環境の分析を行い、どの方面に重点的に営業活動を行っていくかを定めていきます。高齢者の分布図と競合事業所の分布図を重ね合わせ、どの地域が高齢者数に比する事業所の割合が低いのか、それともあえて競合の中に競争を持ち込んでいくのか……。いずれにせよ、周辺環境をしっかりと分析した内容があってこその方向性付けとなります。

　どの方面に営業を行っていくか、その対象地域が定まったのであれば、今度はその方面にある攻めるべき対象をピックアップしていく必要があります。攻めるべき対象とは、特別養護老人ホームやグループホームであれば居宅介護支援事業所、介護老人保健施設や有料老人ホームであれば病院のケースワーカーなど、その事業所にとって最も有効な訪問先のことを指します。自身でこれ

らの調査を行うのであればインターネットなどの調査媒体を活用する必要があります。

ピックアップした訪問先が揃えば、それをリストアップしておき、後述の営業計画に用いることができるように準備を進めます。

■目標を計画書に落とし込む

せっかくSMARTの方式に沿って目標を立てたにもかかわらず、そこから先の実施段階に至るまでが具体的に練られていなければ、結局は絵に描いた餅となってしまいます。特に高齢者向け施設における外回り営業においてよくある光景として、「今日は現場が忙しいので後日また」「今度ヘルパーの数に余裕がある日に」などと言い訳をして後回しにし、結局は行えずに終わるというパターンが往々にして起こります。

決められた営業目標を達成するにあたり、外回り営業の数をこなせるか否かは特に重要なポイントです。各施設、営業対策として様々な企画を立てていても、結局この部分がやりきれないが故に頓挫をしてしまってきたのではないでしょうか。管理者は、ここで強い意志を発揮し、計画を決めきる、決めた計画をやりきる必要があるのです。

ここで作られる営業計画とは、外回り営業の訪問計画です（P186：図4-3）。既にピックアップしておいた有力な訪問先リストの中から、目標達成のために必要な数を抜き出し、それをいつ、そのペースで訪問をしていくのか、表の中に具体的訪問先を入力し、綿密な計画を立てていきます。

ここで必要なことは、営業担当者の現場職員との情報共有です。

第4章 施設経営者・管理者が採るべき管理施策

月営業予定　　　　　　　事業所名：

日	曜日	営業計画事項 (イベントやチラシ配布時期)	訪問先	訪問先 対応者	訪問者	訪問目的 (何のために)	必要資料 (何をもっていくのか)
1	木						
2	金						
3	土						
4	日						
5	月						
6	火						
7	水						
8	木						
9	金						
10	土						
11	日						
12	月						
13	火						
14	水						
15	木						
16	金						
17	土						
18	日						
19	月						
20	火						
21	水						
22	木						
23	金						
24	土						
25	日						
26	月						
27	火						
28	水						
29	木						
30	金						
31	土						

図4-3　訪問営業計画書の一例

月営業実績　　事業所名：

日	曜日	訪問先	訪問先対応者	訪問者	ヒアリング事項 (どんなニーズがあるか)	提示資料 (提供資料等)	訪問時の宿題事項等 (先方の反応から次期アクションとして必要なこと)
1	木						
2	金						
3	土						
4	日						
5	月						
6	火						
6	水						
8	木						
9	金						
10	土						
11	日						
12	月						
13	火						
15	水						
15	木						
16	金						
17	土						
18	日						
19	月						
20	火						
22	水						
22	木						
23	金						
24	土						
25	日						
26	月						
27	火						
29	水						
29	木						
30	金						
31	土						

1 成果を出すために必要な業務管理について

営業計画を立て、それが実施できない要因のひとつには、営業担当者が相談員であるなど、少なからず現場業務に関わっており、自分が抜けると現場が回らないと思ってしまっている部分になります。

そもそも相談員の主業務は現場介護ではありませんので、それが抜けて現場が回らないということは介護保険の人員配置上でいえばあってはならないことです。しかし、緊急時などで一度相談員が現場に入ったことをきっかけに、その状態が当たり前と感じられてしまうようなことは十分にあり得ます。そのような場合、現場職員にはまず、営業活動とは経営のために外に回る職員だけで行うものではなく、介護現場のために介護職員が率先して協力していくべきものであるということを十分に理解してもらう機会を持つ必要があります。そのうえで営業担当者が後顧の憂いなく外回りができるように、むしろ現場が率先してその穴を埋めるような姿勢を引き出していくことが重要です。

なお、訪問先のピックアップ数として適切な数はいくつかという疑問はありますが、その数は地域性や時期などにも大きく左右されます。したがって、訪問件数は過去の経験の中から目標達成のために必要数を導き出す必要がありますが、そもそものスタートの場合はそうも言ってはいられません。

そこで、本書ではその目安として、高齢者向け施設商品の場合、目標となる契約件数の30倍となる営業訪問をお勧めしています。前述の例であげたような、3件の外部ケアマネジャーからの紹介を得るために90件から100件の営業訪問が必要という計算結果と重なります。

この数は、施設の月額費用や、コンセプトの内容にも当然左右されます。そのため、ここで重要なのは、初めに何件の訪問を行うべきかと悩むことではなく、次々と行動をしていくことです。その中でサンプルとなるデータを積み上げていき、実際には何件の訪問を行えば1件の契約に繋がっているのかを統計的に算出していくこととなるのです。

3）顧客管理を行う

　施設の利用に繋がる顧客情報を先行管理するにあたり、最も「肝」となる部分が、この顧客管理になります。この部分が、果たして目先の成績だけを追う体制となっているのか、数か月先まで安定的に利用者が来ることを見越して情報数を管理していくのかでは、最終的な結果として大きな差に繋がっていきます。当然、先々まで安定的に顧客管理をすることのできる体勢を取り続けることができれば、それに越したことはないでしょう。そのために行うこととは、どのようなものなのでしょうか。

　まず、窓口訪問の結果として問い合わせが徐々に来るようになったら、早速それを専用のシートで管理をしていく必要があります。ここでは、営業案件フォローアップシートという管理シートを用います（P192：図4-4）。

　管理シートの利用方法については、難しいところはありません。営業訪問をし、その中から問い合わせをもらえるようになったら、その内容を逐次分かる範囲で書き留めていくというのが、このシートの活用方法です。その際、留意すべきことは以下の二点です。

①問い合わせのあった時点で書き込む。書き漏らしのないようにする。
②必ずランクを記載し、状況によって更新（ランクアップ）をしていく。

> ランク例
> ○：契約済み
> S：利用契約手続き中
> A：利用前提の申込書をいただく
> B：相談案件（確度中）
> C：長期フォロー案件（確度低）
> ×：失注

　この「ランク」とは、前出の図4-1（P176）で示した、訪問件数から徐々に入り口が狭くなるモデルと同義で、訪問をしてから契約済みに至るまでに徐々に狭まっていくステップを表したものです。施設で使う定義を定め、多くのサンプルを集めることで、BからA、Sに繋がるまでの件数の割合に、一定の比率などが見えてきます。

　このフォローアップシートの使い方のひとつとしては、問い合わせ件数を確認し、そのうちB案件を現在何件保持しているのか、という着眼点を持つことにあります。B案件の数というのは、営業訪問件数からある程度一定の割合で集まるものであり、外回りの職員が今どのくらいの窓口訪問を行っているかの目安になるものです。しかも、そこからは一定の割合でA案件となり、Sランク、確定と一定の割合で昇格をしていくものです。つまり、いずれにせよこのランク付けを行い、Bランクの数を常に把握していくことが、その後先々の契約数の計算が成り立つことに繋がっていくのです。

営業案件フォローアップシート　　＿＿年＿＿月分　　No.＿＿

No.	問合日	相談分類	紹介事業所（または連絡先）	紹介者	利用者氏名	年齢	性別	介護度
例	0/20	デイサービス利用相談	○○居宅事業所	田中	松山　太郎	76	男	介2
1								
2								
3								
4								
5								

図4-4　営業案件フォローアップシートの例

		○:契約済み　　S:利用契約手続き中　　A:利用前提の申込書をいただく			
		B:相談案件(確度中)　　C:長期フォロー案件(確度低)　　×:失注			

主要ニーズ 問い合わせ内容	担当	都度更新するもの			完了確認
		ランク	更新 日付	その後の問い合わせと今後の取り組み内容	
囲碁将棋の勝負相手を希望 まずは短時間での利用を希望	鈴木	B	8/25	体験利用の案内を行い、日程調整を行う	完了 (成約or失注) ☑ 長期案件 □
		B	8/31	体験利用を実施し、前向きに検討いただく	
		A	9/2	利用申し込み書が届く	
		×	9/20	先方からキャンセルとの連絡を受ける	
					完了 (成約or失注) □ 長期案件 □
					完了 (成約or失注) □ 長期案件 □
					完了 (成約or失注) □ 長期案件 □
					完了 (成約or失注) □ 長期案件 □
					完了 (成約or失注) □ 長期案件 □

1　成果を出すために必要な業務管理について

■訪問対象先を網羅する

　訪問目標件数の設定の仕方については、前述の通りに先行管理の考え方から組み立てていくことが理に適っていると言えます。しかし、実際は地域により、訪問対象先が多くない、居宅介護支援事業所以外の訪問先がわかりづらいなどの状況が生じています。そのような場合は、同じ事業所への繰り返しの訪問が必要となる事業所単位ではなく、その中のケアマネジャー単位で訪れていくことになります。すると、誰が、どのケアマネジャーとの接触があり、どのような反応があったのかを網羅的に把握し、その関係性を考慮しながら訪問の強弱をつけていく必要性も生じてくることになります。

　そうなると、前述の図4-3（P186）のような営業計画に対する訪問実績のみでは情報を管理しきれません。そこで、必要に応じて訪問先の管理表と、訪問実績を記録するシートを利用していきます（図4-5）。

営業訪問先総合評価シート

ケアマネージャー所属事務所	場所	ケアマネジャー名	総接触回数	総合評価	訪問者1	接触回数	感触	訪問者2	接触回数	感触	過去3年の紹介実績 2016年	2015年	2014年	営業ファイル	備考 特別な対応など
○○会 居宅介護支援事業所	○○町	山田花子	3	S(毎年3件以上	沼田 潤	2	A(受け入れは積極的	□□□□		B(受け入れは積極的	4	3	3	配布済み	○○苑祭りへのご案内
		高橋太郎	1	B(過去に紹介を	○○○○	1	C(対応が丁寧だ				0	1	0	配布済み	

図4-5　営業訪問先総合評価シートの例

表の使い方としては、あらかじめ訪問可能先をリストアップし、表に落とし込みます。その中で訪問した先があった都度、先方の担当者（居宅介護支援事業所であればケアマネジャー）ごとに訪問結果を残していく形になります。担当者ごとですので、同じ事業所でも異なる方を訪問したら行を一つ増やし、別々に記録を残すようにします。記録内容としては、過去誰が何度くらい関わり、どのような印象かを残していきます。

　こちらを行うことにより、先方と当方の担当者の相性、当方の事業所との関係性、地域の中でどこを回ることができていないかなどを分析できます。地域の訪問先を網羅するにはどうすれば良いか、関係を築けていない先に向けての対策はどうするか、関係性を築くことのできている先は今後どのような方法で関係継続をしていくべきなのかなどを検討することができるので、より個別の訪問先の対策を練られるようになるのです。

　先方の印象の入力は、曖昧な表現で記載するより、ある程度パターンに分けてABCなどのランク分けをすることにより、表としても見やすいものとなります。

　さらに、個別の訪問先の時系列による記録を残したいということであれば、介護記録のような形の訪問営業記録を残していくことをお勧めしています。こちらは事業所ごとに1枚という形でなければ整理がつきませんが、その代わりに先方の担当者の名前を記載する箇所があるのでそちらを活用し、属人性に基づいた対応記録となるように心がけながら記録をしていきます（P196：図4-6）。

第4章 施設経営者・管理者が採るべき管理施策

事業所営業記録（居宅介護支援事業所・地域包括センター・その他）

事業所名		地区		整理番号	
住　所		電話		感触 A B C D E	
担当者					
利用者					

日付	内容	担当	日付	内容	担当

印象 ： A（受け入れに積極的で、会話が弾む。訪問が楽しい）　B（受け入れに積極的で、コミュニケーションが取りやすい）　C（受け入れに積極的でも、多くを語ってもらえない。訪問はしやすい）　D（対応は丁寧だが、どこか戸惑っている雰囲気がある）　E（明らかに対応が冷たく、話もしてもらえないし聞いてもらえない）

図4-6　事業所営業記録の例

■営業先からの相談案件に対する対応のポイント

営業活動を経て、病院や居宅介護支援事業所等の営業先から相談案件が発生した場合の対応についてまとめています。相談案件は見込み顧客であるため、確実に成約に繋げるようにしましょう。

●相談案件を記録に残して共有化しよう

相談がきた場合に、その情報を共有しなければ、担当者不在の場合に対応ができないことになります。まずは所定の記録用紙に、その情報を記載するようにしましょう。

記載された情報を各メンバーが確認し、担当者不在の場合に対応できるような状態にしておきます。

相談の記録については、いつ、誰から、どのような相談があったかを確実に記載しましょう。

相談の状況が一目でわかるように、案件ランク(「S」「A」「B」「C」)を記載しましょう。また、相談案件が成約した場合や未成約となった場合は、チェックボックスにしるしをつけ、現在動いている相談案件がわかるようにします。

●相談があった際は"すぐに"に返答しよう

相談がくるということは、相手(営業先)の利用先がまだ見つからなくて困っているということです。困っている状態をすぐに解決することは、営業先からの信頼に繋がります。そのため、受けた相談に"すぐに"対応することが相手からの信頼に繋がるのです。

すぐに回答できないような質問であっても、「今は回答できず、時間がかかりますので〇日までに回答します」という対応をすることで相手の信頼に繋がります。

●自施設で対応できないケースであっても、代替案を提示しよう

営業先から断ったという印象をもたれてしまうと、次から相談がきにくくなります。自施設で対応できないケースであってもどこか別の施設を紹介することにより、相手のニーズは満たされます。

他の施設を紹介することで、今後同じようなケースがあった場合に、紹介した施設から紹介をしてもらえる可能性が出てきます。まずは相手に与えること（give）により、自分たちに返ってきます（take）。

●成約にならなかった場合は、その理由を確認しよう

結果として、成約にならずに他の施設に繋がった場合は、可能な限りその理由を確認するようにしましょう。

成約にならなかった理由が、立地的なこと、施設のハードに関することなどであれば仕方ないといえますが、それ以外の要因で他の施設に成約したのであれば解決できるようにしましょう（例：連絡のスピード、土日の対応、対応者の雰囲気など）。

それらを踏まえたうえで、営業案件をフォローアップするシートとして、前述のようなシートの利用を推奨しています

（P192：図4-4）。1件の問い合わせ案件に対して、成約したか否かよりも、どのように対応した結果どうなったかの方が重要であるとの認識から、案件ごとにフォロー状況を残すための欄を設けたシートとなっています。

こちらを使用し、営業実施者は最後までフォローをしきるという習慣を付け、管理の立場の方はその進捗こそがきちんとできているか否かを確認できるように取り組んでください。

そのように大切に追いかけた1件1件こそが、明日の満床に繋がる第一歩であることを、ぜひ肝に銘じてください。

2 その他の施策：紹介会社の利用について

ポイント

●紹介会社の特徴を理解しましょう

●紹介会社をうまく活用する方法を理解しましょう

●紹介料などの仕組みを理解しましょう

1）紹介会社とは

　紹介会社とは俗称で、ここでは高齢者住宅運営事業者に入居検討者を紹介する紹介事業者のことです。つまり、老人ホームに入居したいお年寄りを事業者に紹介し、契約に至ったら事業者から紹介料を受け取ることを事業としている会社を指します。言い換えると、施設の変わりに営業を代行する会社と言えます。

　特に有料老人ホームやサービス付き高齢者向け住宅（以下、サ

高住）の場合、紹介会社の利用率は高いようです。高齢者住宅経営者連絡協議会発行の『入居者のための紹介事業の実態調査報告書』（以下、紹介事業の実態調査）によると、有料老人ホーム、サ高住を中心とした宿泊系介護施設のアンケート結果から、介護事業者が提携している紹介事業者の数として、提携実績なしという事業者は13%に過ぎず、残りは紹介会社からの入居者紹介を活用しているとなっています。中には、50社以上との契約実績がある施設も存在するようです。

　つまり、特に有料老人ホームやサ高住を所持する事業者にとって、紹介会社を利用することは有効な手段のひとつとなっているということです。

2）紹介会社利用時の手数料

　紹介会社を利用した際の手数料は、通常は成功報酬として紹介入居者の契約後に支払われます。その金額については会社によってまちまちで公表もされていないため、明確な指標はありません。しかし、「紹介事業の実態調査」による45社からのアンケートにより、紹介料の目安が浮かび上がってきています。

　集計によると、入居者の紹介成立ごとに30万円以上40万円未満の手数料を支払うというケースが最も多く、次いで50〜60万円となっていました。つまり、それくらいが紹介会社を使用した時に必要とする手数料と考えて良いのではないでしょうか。

第5章
今だからこそ求められる介護事業所の「経営」

1 介護保険の動向と介護事業所の経営環境の変化

ポイント

●介護報酬改定など政策動向の最新情報を確認しましょう

●自事業所の次期報酬改定の内容を把握しましょう

●行政が介護事業所に期待していることを理解して運営に生かしましょう

1）最新の介護保険制度の動向

　ご存知のように、2018年度は介護報酬と診療報酬の同時改定の時期です。際限なく膨張し続けているように見える社会保障費を抑制し、なおかつお年寄りがいきいきと、ご自身が望む生活を続けていくことができるように、制度やサービスを必要なものに絞りながらも充実していかなければなりません。その難しいミッションを前にして、医療と介護を一体的に改革するには重要なタイミングが来ているのです。

　冒頭でも述べましたが、今回、2018年度の介護報酬改定は全体でプラス0.54%となりましたが、基本報酬がマイナスとなったり、通所介護の時間区分をはじめとする給付条件が厳しくなったりと、介護事業所にとっては予断の許さない状況が続いていることには変わりありません。まずは制度の動向を踏まえながら、立てられる対策をすべてやりきる準備を進めていくことが大切です。

　以下に、2017年12月18日社会保障審議会介護給付費分科会「平成30年度介護報酬改定に関する審議報告」より抜粋した、介護報酬改定の方向性を記載します。

1. 基本認識
    - 地域包括ケアシステムを推進していくことが必要
    - 質が高く、自立支援・重度化防止に資するサービスを推進していくことが必要
    - 今なお、介護サービス事業者にとって人材確保が厳しい状況にあることも踏まえ、今回の介護報酬改定においても、介護人材の確保や生産性の向上に向けた取組を推進していくことが必要
    - 必要なサービスはしっかりと確保しつつ、サービスの適正化・重点化を図り、制度の安定性・持続可能性を高めていくことが必要
2. 2018年度介護報酬改定の基本的な考え方
    ■地域包括ケアシステムの推進
    　　中重度の要介護者も含め、どこに住んでいても適切な医療・介護サービスを切れ目なく受けることができる体制を整備
    ■自立支援・重度化防止に資する質の高い介護サービスの実現
    　　介護保険の理念や目的を踏まえ、安心・安全で、自立支援・重度化防止に資する質の高い介護サービスを実現
    ■多様な人材の確保と生産性の向上
    　　人材の有効活用・機能分化、ロボット技術等を用いた負担軽減、各種基準の緩和等を通じた効率化を推進
    ■介護サービスの適正化・重点化を通じた制度の安定性・持続可能性の確保
    　　介護サービスの適正化・重点化を図ることにより、制度の安定性・持続可能性を確保

2）介護サービスごとに異なる状況

　介護報酬改定の流れは、介護サービスごとには具体的にどのような影響があるのでしょうか。ここではダイジェスト的に、主なサービスごとの動きをまとめてみました。
（参考文献：「平成30年度介護報酬改定における各サービス毎の改定事項について」厚生労働省ホームページ）

■訪問介護

- 生活援助の担い手について、幅広い人材を活用できるようになった部分が、大きな変更点です。
- 「自立生活支援のための見守り的援助」について、身体介護の一環として行われることが明確化され、訪問介護においても自立支援の推進が進んでいます。
- 同一建物等居住者にサービス提供する場合の報酬について、減算となる要件と減算割合が厳しくなりました。

　改定事項

①生活機能向上連携加算の見直し
②「自立生活支援のための見守り的援助」の明確化
③身体介護と生活援助の報酬

④生活援助中心型の担い手の拡大
⑤同一建物等居住者にサービス提供する場合の報酬
⑥訪問回数の多い利用者への対応
⑦サービス提供責任者の役割や任用要件等の明確化
⑧共生型訪問介護
⑨介護職員処遇改善加算の見直し

■定期巡回・随時対応型訪問介護看護

・基本報酬がプラスになっています。
・オペレーターの配置基準や介護・医療連携推進会議の開催方法・頻度など、運営の基準が緩和されています。
・訪問介護と同様に、同一建物等居住者にサービス提供する場合の報酬について、減算となる要件と減算割合が厳しくなりました。

(改定事項)

①生活機能向上連携加算の創設
②オペレーターに係る基準の見直し
③介護・医療連携推進会議の開催方法・頻度の緩和
④同一建物等居住者にサービス提供する場合の報酬
⑤地域へのサービス提供の推進
⑥ターミナルケアの充実
⑦医療ニーズへの対応の推進
⑧介護職員処遇改善加算の見直し

■夜間対応型訪問介護

- オペレーターの配置基準について条件が緩和されています。
- 訪問介護と同様に、同一建物等居住者にサービス提供する場合の報酬について、減算となる要件と減算割合が厳しくなりました。

(改定事項)

①オペレーターに係る基準の見直し
②同一建物等居住者にサービス提供する場合の報酬
③介護職員処遇改善加算の見直し

■訪問入浴介護

- 訪問介護と同様に、同一建物等居住者にサービス提供する場合の報酬について、減算となる要件と減算割合が厳しくなりました。

(改定事項)

①同一建物等居住者にサービス提供する場合の報酬
②介護職員処遇改善加算の見直し

■訪問看護

- 訪問看護におけるリハビリテーションの提供については、単位数や条件が厳しくなり、訪問リハビリテーションとの棲み

分けがより明確になりました。
- 報酬体系が見直され、指定訪問看護ステーションと病院又は診療所における訪問看護サービスについて、基本サービス費に一定の差が設けられました。
- 訪問介護と同様に、同一建物等居住者にサービス提供する場合の報酬について、減算となる要件と減算割合が厳しくなりました。

改定事項

①在宅における中重度の要介護者の療養生活に伴う医療ニーズへの対応の強化
②ターミナルケアの充実
③複数名による訪問看護に係る加算の実施者の見直し
④訪問看護ステーションにおける理学療法士等による訪問の見直し
⑤報酬体系の見直し
⑥同一建物等居住者にサービス提供する場合の報酬
⑦その他

■訪問リハビリテーション

- 医師の指示の内容を明確化して評価すべく、リハビリテーションマネジメント加算の内容と単位数が変更になりました。
- アウトカム（結果）評価が推奨され、評価データ収集等事業に協力した場合に適用されるリハビリテーションマネジメント加算が新設されています。

- 訪問介護と同様に、同一建物等居住者にサービス提供する場合の報酬について、減算となる要件と減算割合が厳しくなりました。

  改定事項
①医師の指示の明確化等
②リハビリテーション会議への参加方法の見直し等
③リハビリテーション計画書等のデータ提出等に対する評価
④介護予防訪問リハビリテーションにおけるリハビリテーションマネジメント加算の創設
⑤社会参加支援加算の要件の明確化等
⑥介護予防訪問リハビリテーションにおける事業所評価加算の創設
⑦訪問リハビリテーションにおける専任の常勤医師の配置の必須化
⑧基本報酬の見直し
⑨医療と介護におけるリハビリテーション計画の様式の見直し等
⑩離島や中山間地等の要支援・要介護者に対する訪問リハビリテーションの提供
⑪同一建物等居住者にサービスを提供する場合の報酬
⑫介護医療院が提供する訪問リハビリテーション
⑬その他

■居宅療養管理指導

- 基本報酬の算定について、対象となる単一建物居住者の人数によってメリハリのある評価が行われるようになりました。

> 改定事項

① 訪問人数等に応じた評価の見直し
② 看護職員による居宅療養管理指導の廃止
③ 離島や中山間地域等の要支援・要介護者に対する居宅療養管理指導の提供

■通所介護・地域密着型通所介護

- 事業所のサービス提供時間の実態を反映させるために、基本報酬のサービス提供時間区分が1時間ごとに見直されました。
- 自立支援・重度化防止の観点から、利用者のADLの維持改善について、アウトカム評価が反映された加算が新設されました。

> 改定事項

① 生活機能向上連携加算の創設
② 心身機能の維持に係るアウトカム評価の創設
③ 機能訓練指導員の確保の促進
④ 栄養改善の取組の推進
⑤ 基本報酬のサービス提供時間区分の見直し
⑥ 規模ごとの基本報酬の見直し
⑦ 運営推進会議の開催方法の緩和（地域密着型通所介護のみ）

⑧設備に係る共用の明確化
⑨共生型通所介護
⑩介護職員処遇改善加算の見直し

■療養通所介護

- 障害福祉サービス等である重症心身障害児・者を通わせる児童発達支援等を実施している事業者が多いことを踏まえ、定員数が見直され、受け入れの幅が広がりました。

（改定事項）

①定員数の見直し
②栄養改善の取組の推進
③運営推進会議の開催方法の緩和
④介護職員処遇改善加算の見直し

■認知症対応型通所介護

- 自立支援・重度化防止に資する介護を推進するために、医師やリハビリ専門職との連携の評価、機能訓練指導員の条件緩和などが加わりました。
- 通所介護同様、基本報酬のサービス提供時間区分が1時間ごとに見直しされています。

（改定事項）

①生活機能向上連携加算の創設

②機能訓練指導員の確保の促進
③栄養改善の取組の推進
④基本報酬のサービス提供時間区分の見直し
⑤共用型認知症対応型通所介護の利用定員の見直し
⑥運営推進会議の開催方法の緩和
⑦設備に係る共用の明確化
⑧介護職員処遇改善加算の見直し

■通所リハビリテーション

- 基本報酬の見直しがなされ、特に大規模型や長時間のサービス提供に対しての見直し額が大きい傾向にありました。
- リハビリテーションの強化事項として、リハビリテーションマネジメント加算が細分化され、意思の関与やアウトカム評価の導入などが評価されるようになりました。

(改定事項)

①医師の指示の明確化等
②リハビリテーション会議への参加方法の見直し等
③リハビリテーション計画書等のデータ提出等に対する評価
④介護予防通所リハビリテーションにおけるリハビリテーションマネジメント加算の創設
⑤社会参加支援加算の要件の明確化等
⑥介護予防通所リハビリテーションにおける生活行為向上リハビリテーション実施加算の創設
⑦栄養改善の取組の推進

⑧3時間以上のサービス提供に係る基本報酬等の見直し等
⑨短時間リハビリテーション実施時の面積要件等の緩和
⑩医療と介護におけるリハビリテーション計画の様式の見直し等
⑪介護医療院が提供する通所リハビリテーション
⑫介護職員処遇改善加算の見直し

■短期入所生活介護

- 医療対応の体制強化について評価するため、看護師の配置体制や夜間医療処置対応体制について細かい設定がされるようになりました。
- リハビリテーションの提供体制についても、機能訓練指導員の条件緩和やリハビリ専門職との連携を評価する加算などが加わりました。

(改定事項)

①看護体制の充実
②夜間の医療処置への対応の強化
③生活機能向上連携加算の創設
④機能訓練指導員の確保の促進
⑤認知症専門ケア加算の創設
⑥特養併設型における夜勤職員の配置基準の緩和
⑦介護ロボットの活用の推進
⑧多床室の基本報酬の見直し
⑨療養食加算の見直し
⑩共生型短期入所生活介護

⑪介護職員処遇改善加算の見直し
⑫居室とケア

■短期入所療養介護

- 各サービスの報酬体系の変化に伴い、元となるサービスが提供する短期入所療養介護についても算定要件や単位数などの見直しが行われています。
- 有床診療所からの参入を促進するための条件緩和がなされています。

改定事項

①認知症専門ケア加算の創設
②介護老人保健施設が提供する短期入所療養介護
③介護療養型老人保健施設が提供する短期入所療養介護
④有床診療所等が提供する短期入所療養介護
⑤介護医療院が提供する短期入所療養介護
⑥療養食加算の見直し
⑦介護職員処遇改善加算の見直し
⑧居室とケア

■小規模多機能型居宅介護

- 自立支援・重度化防止に資する介護を推進するために、医師やリハビリ専門職との連携の評価などが加わりました。
- 代表者の認知症対応型サービス事業開設者研修の修了の時期

が緩和されました。

> 改定事項

①生活機能向上連携加算の創設
②若年性認知症利用者受入加算の創設
③栄養改善の取組の推進
④運営推進会議の開催方法の緩和
⑤代表者交代時の開設者研修の取扱い
⑥介護職員処遇改善加算の見直し

■看護小規模多機能型居宅介護

・訪問（介護）サービスの推進を目的として、訪問体制を強化している事業所について評価がされるようになりました。
・サービス供給量を増やす観点から、診療所からの参入が進められ、基準が緩和されました。

> 改定事項

①医療ニーズへの対応の推進
②ターミナルケアの充実
③訪問（介護）サービスの推進
④若年性認知症利用者受入加算の創設
⑤栄養改善の取組の推進
⑥中山間地域等に居住する者へのサービス提供の強化
⑦指定に関する基準の緩和
⑧サテライト型事業所の創設

⑨運営推進会議の開催方法の緩和
⑩事業開始時支援加算の廃止
⑪代表者交代時の開設者研修の取扱い
⑫介護職員処遇改善加算の見直し

■福祉用具貸与

・福祉用具について貸与価格のばらつきを抑制し、適正価格での貸与となるよう、貸与価格の上限の設定等が行われました。

（改定事項）

①貸与価格の上限設定等
②機能や価格帯の異なる複数商品の掲示等

■居宅介護支援

・医療と介護の連携強化について、ケアマネジャーの立場からも強く推進されるよう、加算やケアマネジメントプロセスなどの見直しが行われています。
・公正中立なケアマネジメントの確保や訪問回数の多い利用者への対応について見直す改定内容が加わっています。

（改定事項）

①医療と介護の連携の強化
②末期の悪性腫瘍の利用者に対するケアマネジメント
③質の高いケアマネジメントの推進

④公正中立なケアマネジメントの確保
⑤訪問回数の多い利用者への対応
⑥障害福祉制度の相談支援専門員との密接な連携

■特定施設入居者生活介護・地域密着型特定施設入居者生活介護

- 入居者の医療ニーズへの対応が評価される項目が加わっています。
- リハビリテーションの提供体制についても、機能訓練指導員の条件緩和やリハビリ専門職との連携を評価する加算などが加わりました。

（ 改定事項 ）

①入居者の医療ニーズへの対応
②生活機能向上連携加算の創設
③機能訓練指導員の確保の促進
④若年性認知症入居者受入加算の創設
⑤口腔衛生管理の充実
⑥栄養改善の取組の推進
⑦短期利用特定施設入居者生活介護の利用者数の上限の見直し
⑧身体的拘束等の適正化
⑨運営推進会議の開催方法の緩和（地域密着型特定施設入居者生活介護のみ）
⑩療養病床等から医療機関併設型の特定施設へ転換する場合の特例

⑪介護職員処遇改善加算の見直し

■認知症対応型共同生活介護

- 入居者の医療ニーズへの対応が評価される項目が加わっています。
- 認知症の方の入退院による症状の悪化や行動・心理症状の出現に配慮するため、入退院時における支援の取り組みが加わりました。

（改定事項）

①入居者の医療ニーズへの対応
②入居者の入退院支援の取組
③口腔衛生管理の充実
④栄養改善の取組の推進
⑤短期利用認知症対応型共同生活介護の算定要件の見直し
⑥生活機能向上連携加算の創設
⑦身体的拘束等の適正化
⑧運営推進会議の開催方法の緩和
⑨代表者交代時の開設者研修の取扱い
⑩介護職員処遇改善加算の見直し

■介護老人福祉施設・地域密着型介護老人福祉施設入所者生活介護

- 入居者の医療ニーズ、リハビリテーションニーズへの対応が評価される項目が、本サービスの場合は特に数多く加わっています。
- 業務の効率化を図る観点から、介護ロボット（見守り機器）の導入を推進する項目が加わりました。

改定事項

① 入所者の医療ニーズへの対応
② 個別機能訓練加算の見直し
③ 機能訓練指導員の確保の促進
④ 排泄に介護を要する利用者への支援に対する評価の創設
⑤ 褥瘡（床ずれ）の発生予防のための管理に対する評価
⑥ 外泊時に在宅サービスを利用したときの費用の取扱い
⑦ 障害者の生活支援について
⑧ 口腔衛生管理の充実
⑨ 栄養マネジメント加算の要件緩和
⑩ 栄養改善の取組の推進
⑪ 入院先医療機関との間の栄養管理に関する連携
⑫ 介護ロボットの活用の推進
⑬ 身体的拘束等の適正化
⑭ 運営推進会議の開催方法の緩和
　（地域密着型介護老人福祉施設入居者生活介護のみ）
⑮ 小規模介護福祉施設等の基本報酬の見直し

⑯療養食加算の見直し
⑰介護職員処遇改善加算の見直し
⑱居室とケア

■介護老人保健施設

- 在宅復帰・在宅療養支援が介護老人保健施設の本来の役割であることに立ち返るために、在宅復帰・在宅療養支援機能に対する評価の手法が大きく変わりました。
- 介護医療院への転換について、介護療養型老人保健施設から実施する場合、基準の緩和等がなされています。

改定事項

①在宅復帰・在宅療養支援機能に対する評価
②介護療養型老人保健施設の基本報酬等
③かかりつけ医との連携
④入所者への医療の提供
⑤排泄に介護を要する利用者への支援に対する評価の創設
⑥褥瘡の発生予防のための管理に対する評価
⑦外泊時に在宅サービスを利用したときの費用の取扱い
⑧口腔衛生管理の充実
⑨栄養マネジメント加算の要件緩和
⑩栄養改善の取組の推進
⑪入院先医療機関との間の栄養管理に関する連携
⑫身体的拘束等の適正化
⑬介護療養型老人保健施設から介護医療院への転換の取扱い

⑭療養食加算の見直し
⑮介護職員処遇改善加算の見直し
⑯居室とケア

■介護療養型医療施設

- 介護医療院への転換を推進するため、基準の緩和や加算の追加など、新しい基準が追加されています。

(改定事項)

①介護療養型医療施設の基本報酬
②排泄に介護を要する利用者への支援に対する評価の創設
③口腔衛生管理の充実
④栄養マネジメント加算の要件緩和
⑤栄養改善の取組の推進
⑥身体的拘束等の適正化
⑦介護療養型医療施設における診断分類（DPC）コードの記載
⑧介護医療院へ転換する場合の特例
⑨医療機関併設型の特定施設へ転換する場合の特例
⑩療養食加算の見直し
⑪介護職員処遇改善加算の見直し
⑫居室とケア

■介護医療院

・介護医療院における設置基準、報酬の算定要件などが明確になりました。

(改定事項)

①介護医療院の基準
②介護医療院の基本報酬等
③介護医療院への転換
④認知症専門ケア加算の創設
⑤排泄に介護を要する利用者への支援に対する評価の創設
⑥口腔衛生管理の充実
⑦栄養マネジメント加算の要件緩和
⑧栄養改善の取組の推進
⑨入院先医療機関との間の栄養管理に関する連携
⑩身体的拘束等の適正化
⑪診断分類(DPC)コードの記載
⑫療養食加算の見直し
⑬介護職員処遇改善加算の見直し
⑭居室とケア
⑮介護医療院が提供する居宅サービス

2 地域包括ケアシステムの中で求められる、介護事業の役割

ポイント

● 地域包括ケアシステムの仕組みを理解しましょう

● 今、日本で地域包括ケアシステムが求められている理由を理解しましょう

● 自事業所が地域包括ケアシステムの中で活躍できる方法を考えましょう

1）地域包括ケアシステムのあらまし

　現代の日本における介護サービス事業を考えた際に、行政の目指す地域ケアの形「地域包括ケアシステム」を理解せずに進めることはできません。まずは、厚生労働省のホームページより、地

域包括ケアシステムの概要について記載された部分を抜粋し、掲載します。

<地域包括ケアシステムの実現へ向けて>

　日本は、諸外国に例をみないスピードで高齢化が進行しています。

　65歳以上の人口は、現在3,000万人を超えており（国民の約4人に1人）、2042年の約3,900万人でピークを迎え、その後も、75歳以上の人口割合は増加し続けることが予想されています。

　このような状況の中、団塊の世代（約800万人）が75歳以上となる2025年以降は、国民の医療や介護の需要が、さらに増加することが見込まれています。

　このため、厚生労働省においては、2025年を目途に、高齢者の尊厳の保持と自立生活の支援の目的のもとで、可能な限り住み慣れた地域で、自分らしい暮らしを人生の最期まで続けることができるよう、地域の包括的な支援・サービス提供体制（地域包括ケアシステム）の構築を推進しています。

<地域包括ケアシステム>

　団塊の世代が75歳以上となる2025年を目途に、重度な要介護状態となっても住み慣れた地域で自分らしい暮らしを人生の最後まで続けることができるよう、住まい・医療・介護・予防・生活支援が一体的に提供される地域包括ケアシステムの構築を実現していきます。

　今後、認知症高齢者の増加が見込まれることから、認知症高齢者の地域での生活を支えるためにも、地域包括ケアシステムの構

築が重要です。

　人口が横ばいで75歳以上人口が急増する大都市部、75歳以上人口の増加は緩やかだが人口は減少する町村部等、高齢化の進展状況には大きな地域差が生じています。

　地域包括ケアシステムは、保険者である市町村や都道府県が、地域の自主性や主体性に基づき、地域の特性に応じて作り上げていくことが必要です。

＜地域包括ケアシステム構築のプロセス＞

　市町村では、2025年に向けて、3年ごとの介護保険事業計画の策定・実施を通じて、地域の自主性や主体性に基づき、地域の特性に応じた地域包括ケアシステムを構築していきます。

〜以上、厚生労働省ホームページより一部抜粋〜

　ここでは、地域包括ケアシステムとは、「高齢者の尊厳の保持と自立生活の支援の目的のもとで、可能な限り住み慣れた地域で、自分らしい暮らしを人生の最期まで続けることができる」ような地域の包括的な支援・サービス提供体制と説いています。それは言い換えると、誰もが自分の居場所作り、すなわち「私はここにいて良いのだ」と思える環境を、家庭、地域を含めて整えていくことができることと言えるのではないでしょうか。

　この考え方は、地域包括ケアシステムの土台と言われている、ICF（International Classification of Functioning, disability and Health）：国際生活機能分類（2001年、WHOによって採択）

の考え方にも通じていると言えます。

　ICFの考え方を簡単に整理すると、「健康とは何か」という問いかけに通じます。

　例えば、数年前に脳梗塞を発症し、利き腕が麻痺となってしまったAさんがいるとします。Aさんは生活において不便な状態にあり、健常な私たちの視点からすると明らかに「不健康」に見えてしまうのではないでしょうか。

　しかし、Aさんからすると、年金分だけで生活費は十分で経済的には困っておらず、食事の準備など細かい家事をヘルパーや宅配食に手伝ってもらう以外は何でも自分でできます。趣味であったカラオケも脳梗塞発症前から行きつけのスナックに行き、馴染みの仲間に手伝ってもらいながら思う存分楽しむことができています。そんな今の生活は、ほとんど苦労をしているとは感じてはいません。つまり、本人からすると至って「健康」的な生活を送れていると感じているのです。

　一方、Aさんとはご近所で、同い年のBさんは、特に大病を患ってはおらず五体満足です。大きな一軒家にも住んでいて、肉体的にも経済的にもいわゆる「健康」状態にあると言える方です。しかし、会社経営をしていた夫に先立たれ、後継者のいなかった会社を清算するのに私財を使い切ってしまいました。借金までは残らず、自宅も手元に残り、年金受給で最低限の生活には困らないはずなのですが、生活の質を落としたショックと気恥ずかしさで他者との交流を断ち、家に引きこもったままになってしまいました。在りし日の豊かだった生活のことばかりを思い浮かべては、何をする気力もなく呆然と日常を過ごしているとすると、本当に「健康」な状態にあると言えるのでしょうか。

このお二人の事例から見えてくるものが、人間にとって健康とは、身体に異常がない状態だけを指すものではないということです。自身に置き換えると良く分かると思いますが、おそらくほとんどの方が、Ａさんの方が健康状態にあると感じているのではないでしょうか。つまり、私たちが本当に求めている健康とは、望む生活が送れているか否かにかかっているといっても過言ではないのです。

このことはすなわち、その方の「健康」を考える時に、病気や怪我の状態に着目をする「医療中心モデル」から、生活環境も含めた総合的な視点で健康状態を捉えようとする「生活中心モデル」への考え方の転換が求められていると言い換えることもできるのです。

「介護」という仕事に携わる者は、少なくともこの「生活中心モデル」の考え方へと切り替えることが非常に重要となります。

「医療的な技術、設備を整え、目に見える病気や怪我が治りさえすれば健康を取り戻すことができる」という考え方から、「本当に望む生活を取り戻すことができて初めて健康を取り戻した」と捉える考え方へと切り替えるのです。また、「健康を取り戻すことは、できないことをできるようにすること」という考え方から、「できないことを不便と感じないようにすることの方がよほど大切である」という考え方へ切り替えるのです。

お年寄りを含む、健康的な生活を送ることのできない何らかの理由のある方への支援を考えた際には、必ずそのような「生活中心モデル」の考え方をベースに持つことが大切です。そのうえで「いざという時に専門性に特化した社会資源を使いたい分だけ使い、

自身の望む生活を続けていくことのできる」ためのサービスのひとつを提供することが、社会・地域に必要とされる役割を果たしていくことに繋がります。それこそが、社会・地域に必要とされる役割を果たしていくことに繋がるということを理解しなければならないのです。

そして、このような意識のサービスを提供し続けていることが地域の中にあまねく知れ渡り、本当に私たちのサービスを必要としている方がそれを受けられる機会を失わないような努力こそが、介護事業に携わる者の営業活動を行う意義であるということを理解しなければなりません。

2）医療・介護のシームレスな連携とは

■地域包括ケアシステムを支える利用者を主体としたシームレスケアとは

　前項においては、利用者の生活を総合的に支える「生活中心モデル」におけるサービスのあり方について述べました。そして、介護事業者の提供できるサービスとは、ある一部の機能において専門特化したものを、ピンポイントで必要とされている方に届けられることにこそ意義があります。

　医療や介護のサービスは、言うまでもなく元々地域の中に存在していたものであり、地域住民の方を支え続けていました。それにもかかわらず、今になって殊更に「地域包括ケアシステム」というような表現でその存在意義や、地域の中での使われ方などが示されていく必要があったのはなぜなのでしょうか。

　それは、実際にはそれぞれのサービスが孤立し、目の前の困っている方に対して自事業所のできる範疇のみで解決しようとしてきたという反省がありました。それはすなわち、介護事業者にできることは「これ」と知ったうえで門を叩いてきたのだから、その範疇のみで解決することに何の問題があるのかという責任放棄の考え方に基づいたものであったとも言えます。そこからは地域の方に対する本当のお役立ち、真のニーズに対するアプローチに

繋がらず、「健康」ではない方が増加し、社会保障費の際限のない増加の遠因となってきたことは言うまでもありません。

　お年寄りの真のニーズを叶えることに真剣になればなるほど、そのために提供するサービスを専門特化すればするほど、事業所単体ではお年寄りの生活を支えきれないことに気付かされます。たとえ各事業所が法人として多くのサービスを抱えていたとしても、すべての役割を担いすべてのニーズに対応することは不可能です。そのため、地域包括ケアシステムをきちんと理解し、最終的なお年寄りのニーズを叶えるために必要なこととは何か、そのうち自事業所のサービスはどの部分を支える役割を持っているのか、そのサービスを誰から受け継ぎ誰に繋いでいけば良いのかを理解することが、これからの介護サービスを担う者として必要な考え方となっていくのです。

　お年寄りのニーズを叶えるためにその時々で必要なことを、各サービスが各々の役割に専念したとして、そのお年寄りのしたい状況が回復したり、周辺環境を含む状況が変化するなどしたりした場合には、必要とされるサービスは随時変わっていきます。その際、新たなサービスへの移行がしやすいという仕組みこそが、地域包括ケアの肝となることは言うまでもありません。その仕組みが成り立つためには、お互いのサービス同士の連携が欠かせないことになります。お互いに異なる法人で、異なる経営をする事業者同士が、それでも同じ目標（お年寄りのニーズを叶えること）を掲げて連携を取るためには、地域包括ケアシステムという仕組みに頼るだけでなく、介護従事者自身がその方のケアプランに対して最大限の興味を持ち、異なるサービス同士でもそのケアプランを繋いでいくのだという「シームレス（継ぎ目の無い）ケア」

の考えを持つことが非常に重要となるのです。

このシームレスケアの考えを理解するのは難しいことですが、オリンピックなどで行われている400Mリレーの様子を思い浮かべると、理解しやすいかもしれません（図5-1：P233参照）。2016年のリオデジャネイロ・オリンピックでは、男子400Mリレーにおいて日本チームが銀メダルに輝くという快挙を成し遂げ、大変な話題となりました。100M走のトップクラスの選手を多く揃える強豪国を相手に、日本チームが互角以上の走りができたことの一番の理由に、ロスの少ない見事なバトンワークがあったと言われましたが、その時の様子をいま一度思い返していただけると良いのではないでしょうか。

地域包括ケアシステムを400Mリレーに置き換えることは、すなわち全員が同じゴールに向けて走っていくことに他なりません。全員がばらばらの方向に走ってしまっては、リレーという競技そのものが成り立ちません。これを、介護事業者のゴールがお年寄りのニーズと置き換えたとしても同様で、お互いのサービスの連携なくしてはゴールを目指すことができず、「地域」「包括」という言葉も意味を成さなくなってしまいます。

介護事業者のゴールをお年寄りのニーズを叶えること、住み慣れた自宅に帰り社会復帰することと定めることができても、まだ道半ばです。個人がゴールを目指すだけでは、400Mリレーでは勝つことができません。すなわち、バトンを繋いでいくという動きが必要となるのです。

地域包括ケアシステムにおいて、繋いでいくバトンとは、ケアプラン（ケアマネジメント）であると言えます。お互いが異なる

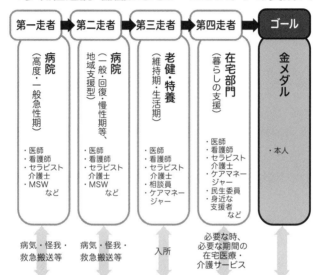

図5-1 地域包括ケアを支える、利用者を主体としたシームレスケア
一般社団法人地域ケア総合研究所研修資料を元に日本経営が加工

選手（サービス）であったとしても、同じケアプランを繋いでいくことで、目指すもの、受け継いでいくものを明確にできます。そしてなおかつ、それがスムーズに引き渡されていくことも重要です。リオデジャネイロでの快挙がバトンワークであったことと同様に、地域包括ケアにおいても金メダルを目指すためには華麗なバトンワークが必要です。すなわち、さも継ぎ目の無いかのようなスムーズな受け渡しが行われることにより、それを使うお年寄りも迷いなくゴールに向かうことができるのです。

　そのうえで、リレーにおいて選手一人ひとりが同じ結果を喜び合うのと同様に、介護事業者もまたバトンが受け継がれてゴールにたどり着くまで、一緒になってその行方を見守り、結果を喜び称え合うことも重要です。リレーにおいて、選手がどの走者であったとしても、ゴールに向かうまでの責任は等しいものです。同様に介護事業者のサービスがどのポジションにいたとしても、在宅復帰までの役割は等しいものであり、それが達成できた時の喜びを共有できてこそ、次にまた在宅へ戻ってもらおうという意欲に繋がるのではないでしょうか。

　そして、最後に最も重要なことをお伝えするならば、それは「リレーの選手であれ」ということです。私たちは400Mリレーではオリンピックを応援する側であったとしても、地域包括ケアの場においては選手の一人です。地域包括ケアの場において、選手であることは、在宅復帰の道のりの中でそのサービスが必要であると理解されることです。逆に介護事業者のケアがその方の在宅復帰に対して役に立つものでなかったとすれば、介護事業者のサービスを受けないままで在宅に戻っていくのでしょう。もしくは、在宅に戻る術を見出せずにどこかの事業所などで留まってしまう

ことでしょう。もちろん、それでもその地域の地域包括ケアは機能するのかもしれませんが、事業者にとってはそれほど悲しいことはありません。

地域に必要とされるサービスであり、なおかつ他のサービスとのバトンワーク（ケアプランの引渡し）をスムーズに行う中で、最終的にゴールである在宅復帰を果たすことができたのかを知るのが、介護事業者の地域包括ケアのあり方だと理解し、取り組んでいくことが重要です。

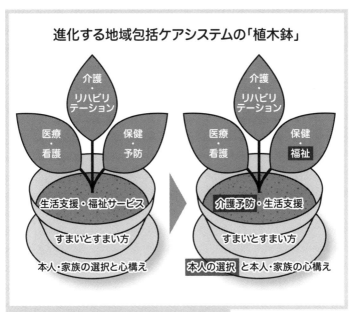

図5-2　進化する地域包括ケアシステムの「植木鉢」
参照「地域包括ケアシステムと地域マネジメント」
地域包括ケア研究会2016年3月

■地域包括ケア研究会の示す、新たな地域包括ケアの考え方

　地域包括ケアシステムの内容、考え方は、今も日々改善し、更新されています。

　そもそも地域包括ケアシステムについては、現在は主に厚生労働省老人保健健康増進等事業の一環として開催されている「地域包括ケア研究会」により、研究が進められています。本会は田中滋慶應義塾大学大学院教授（2008年当時）を座長に、高齢者政策の専門家によって設立されたものであり、2016年3月まで4期にわたり研究会が開催され、地域包括ケアシステムの基礎的な考え方や政策の方向性について広く社会に提案してきたとあります（地域包括ケア研究会「地域包括ケアシステムと地域マネジメント」2016年3月）。

　地域包括ケアシステムの考え方として、お年寄りが住み慣れた地域・環境での生活を継続できることが中心としてありますが、地域包括ケアシステムの植木鉢の図（図5-2）では、その受け皿として「本人・家族の選択と心構え」と表現されています。しかし、2016年3月に地域包括ケア研究会より公表された「地域包括ケアシステムと地域マネジメント」においては、その植木鉢の図を修正する旨の記載がありました。

　ここでは、地域包括ケアシステムの受け皿の部分が、「本人の選択と本人・家族の心構え」という記載に変わっています。つまり、お年寄りの地域生活を支える環境も大切であるが、そもそも利用者の真のニーズの上に成り立っているものなのか。家族の希

望ばかりが優先され、利用者の意思に反した介護サービスが提供されるような事例が横行されていないか。それが改めて問われてきたことが、ここでは示されているのです。

ここで問われている「利用者の真のニーズ」という考え方が、「介護事業における稼働率向上」というテーマにも非常に深く関わってきます。その内容については後述しますが、お年寄りのニーズを理解し、それを叶えることのできる地域の支え合いの仕組みの中で、私たちのサービスが必要とされる存在であり続けられるのかが問われていることは間違いありません。

日本が目指そうとしている「地域包括ケアシステム」の意義を深く理解し、地域のお年寄りを支えていくための必要不可欠なサービスとなること。それこそが、介護事業における稼働率向上、すなわち営業活動を進めていくうえでの考え方の本質であることを私たちは理解しなければならないのです。

3）介護事業者が地域包括ケアシステムの中で求められているもの

　ここまでの流れから、介護事業者が地域包括ケアシステムの中で求められる役割について、おぼろげにも理解できてきたものと思います。お年寄り自身のニーズをすべての中心に据えてサービスを考えること。自事業所のできるサービス、求められるサービスを正しく理解し、できないことや苦手なことは素直に他のサービスとの連携、引継ぎにより、お年寄りのもとへは高い質のものが届けられるようになっていること。このことこそが、介護事業者が地域包括ケアシステムの中で真に求められている役割なのです。

　これらのことは、高い理想のようにも見えますが、介護事業の健全な経営にとっても矛盾するものではありません。

　お年寄り自身のニーズをすべての中心に据えることは、家族でもなく、介護職員でもなく、利用者にとって一番喜ばれるサービスを提供するということです。2018年度の介護報酬改定により、介護サービスのアウトカム評価のウエイトがより高まる流れとなりそうですが、介護サービスにとっての最大のアウトカムとは、お年寄りの望む生活に一歩でも近づくことに他なりません。つまり、介護事業者が地域包括ケアシステムを理解し、お年寄りのニーズに真正面から向き合ってそれを叶えようとすることは、お年寄り自身が喜ぶだけでなく、同様のサービスを望む方々にとっての

希望となり、行政からも高い評価を受けることにも繋がります。それは、これからの介護事業所経営を考える中にあって、利用者と行政というアドバンテージを得られることに繋がっていくのです。

　また、介護サービスを提供するもの同士、場合によっては同業他社（サービス）同士との連携についても、地域包括ケアシステムの中にあってはアドバンテージとなります。他事業所との連携を考えることは、他事業所を含め地域、周辺環境をよく理解するということです。お互いをよく理解し、その上で連携しようとすれば、相手のできること、得意なことを理解し、自分たちのできること、得意なこととの差別化を考えなければならなくなるからです。

2　地域包括ケアシステムの中で求められる、介護事業の役割

第6章
介護事業所の営業力を高めるために必要な考え方

1 地域に必要とされる事業所となる

ポイント

●地域包括ケアシステムを生かすためには営業活動が重要であることを理解しましょう

●地域のお年寄りに必要とされ使われる好循環サイクルの流れを理解しましょう

●地域に必要とされるためにサービスの質を高める工夫をしましょう

1）地域包括ケアシステム

　地域包括ケアシステムとは、地域にある社会資源を生かし、事業者も個人もお互いができることを持ち寄ることによる、助け合いの仕組みと解釈された方もいるかもしれません。それら「できること」の組み合わせでお年寄りにとって本当に必要なサービスだけを選択して活用できる仕組みは、自立支援を目指すお年寄りにとっては最適なサービスの選択に繋がります。しかし裏を返せば介護事業者側にとっては、不必要なサービスは選ばれないということです。つまり、地域包括ケアシステムとは、その名称からイメージされる安易な地元小規模事業者の救済策などではなく、サービスの内容と質に特化した優良事業者の選定の仕組みであると言えます。このことは、社会保障費を抑制せねばならない現在の環境下にあって、その打開策として地域包括ケアシステムの構想が上がった経緯からみても、理解することができるのではないでしょうか。

　「地域包括ケアシステムは、優良な介護サービスの選定の仕組みである」ならば、介護事業者は来るべき地域包括ケアシステム時代に向けて、本当にお年寄りに必要とされるサービス、満足されるサービスの提供ができているかを振り返り、今よりももっと高次なサービスを追求すべく取り組むことに他なりません。

　お年寄りに必要とされるサービス、満足されるサービスの提供

は、単に介護技術の研修会の回数を増やし、知識や技術を身に付ければ成すというほど、単純なものではありません。事業者が良いサービスと思って追求しても、利用者が必要と思われなければ使われません。また、仮にニーズのあるサービスを持っていて、それを必要とするお年寄りが現に地域にいたとしても、サービスの存在を知られなければ利用されません。

　介護事業所における営業とはまさにこの部分、すなわち根本的に必要とされるサービスとは何かを理解し、それを必要とされる先に正しく伝わるようにすることに他ならないのです。そして、そう考えた際に、地域包括ケアシステムにとって、すなわち地域に住むお年寄りにとって、介護事業所の営業活動がどれほど重要な役割を果たすものなのかを理解することができるのではないでしょうか。

2）地域包括ケアシステムの中で必要とされる仕組み

では、良い介護サービスが適切にお年寄りに伝わり、利用され、満足されるための介護事業所の営業活動には、どのような仕組みが必要なのでしょうか。基本的には、次の図6-1のような好循環

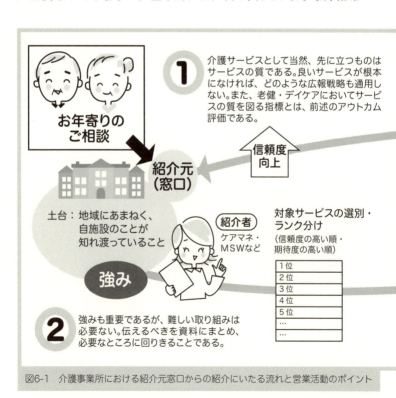

図6-1　介護事業所における紹介元窓口からの紹介にいたる流れと営業活動のポイント

の流れに引き込んでいくことから考える必要があります。

　図6-1の根本にあるのは、①にあるような基本的なサービスの質であることは言うまでもありません。基本的なサービスの質、お年寄りに満足されるサービスがなければ、どんなに効果的な売り文句があって集客が進んだとしても、当然看板倒れとなってしまいます。むしろ優れた営業文句により期待が高まれば高まるほど、現実との乖離が生じ、顧客満足（CS）は満たされないことになるのです。

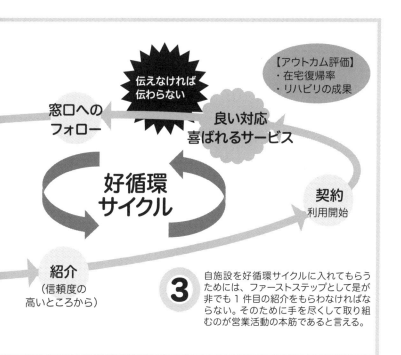

質の高いサービスとは、お年寄りを笑顔にし、満足したと言われるサービスと言えます。しかし、この場においてはそれだけでは不十分です。今求められているのは地域にとって必要とされているサービスであり、お年寄りにとって必要なサービスがここにあると正しく伝わっていくことなのです。

つまり、ここで述べられている質の高いサービスとは、お年寄りが必要としているサービスと自事業所のできることが一致し、お年寄りの期待を上回る効果を提供することと置き換えることができるのです。そのようなサービスが事業所にあり、なおかつ伝える側（介護職員や営業担当者）がそれを言葉で伝えられるようになれば、それは事業所の「強み」となります。この「強み」が整理され、伝えられる形になって初めて、本当の意味で質の高いサービスが提供されているという事実が成立したと言えるのです。

事業所に質の高いサービスがあり、それが強みとしてまとめられて初めて地域に伝えられる土台が整ったと言えます。

地域に事業所の強みが伝えられる段階は図6-1（P244～P245）の②になります。

地域に事業所の強みを伝えようとした場合、伝える先は実際に利用者となるお年寄りや家族ではなく、ケアマネジャーや病院のメディカル・ソーシャル・ワーカー（MSW）といった間接的な紹介元である窓口の担当者であることが多くなります。その理由は第1章で述べていますが、特に介護保険に定められた介護サービスにとってはこういった「間接営業（間接的に紹介してくれる先に営業を行う方法）」が営業活動の主になることは、実際に事業所で営業活動に従事している方であれば肌感覚で理解されてい

ることと思います。

　ここで肝心なことは、実際にサービスの利用者に対し情報を伝えられるのは誰か、サービスの利用の決断を促すことのできる影響力のある方は誰かということになります。そしてそれが紹介元となる窓口の方になるのであれば、介護事業者にとっての営業先も窓口となり、窓口担当の方の役に立つことが、地域のお年寄りへのお役立ちに繋げていくという発想を持たねばならないことになります。

　ここでの目的は、窓口担当の方に自事業所の興味を持ってもらい、1件目の紹介に繋げることになります。最終的に、その窓口から定期的に利用者紹介の計算が立つ「ヘビーユーザー」になってもらうことが目的だったとしても、その第一歩は1件目の初めの紹介からになります。しかしその最初の1件目の紹介をもらうことが最も困難な道のりであり、そのためだけに強みをまとめ、営業資料を作成し、営業トークを工夫し、営業担当者は足を棒にして地域を回り続けるのです。

　この段階で必要なことは、1件目の紹介をもらうための可能性を1％でも高めることです。そのためには、まずは広く浅く、自事業所の地域となる範囲の窓口すべてに対して営業を行い、地域があまねく自事業所のことを知り尽くしているという状況を作り出す必要があるのです。

　それは、地域のお年寄りが必要と感じた時に必要なサービスを適宜適量受けられるという地域包括ケアシステムの考え方にも沿っていて、適切なサービスを提供するためにはまずサービスを知ってもらうことから始めねばならないということに繋がってくるのです。

地域にあまねく自事業所のことを知ってもらい、そこから1件目の申し込みに繋がっていく過程は図6-1の③になります。ここでは図6-1の③から①に、紹介から質の高いサービスへと繋がっている図となっていますが、これこそが地域に必要なサービスとなるための、高稼働を維持する好循環を作り出すための重要なルートとなります。

　利用者の1件の紹介が、自事業所の質の高いサービスに触れるきっかけとなり、高い満足を得られるようになります。満足を得られたサービスは営業活動として紹介窓口の担当者の方に伝えられ、紹介してよかったと紹介者側の満足にも繋がります。紹介者が満足すれば、次に紹介者のもとにお年寄りのニーズが伝わり、またこの事業所を紹介してみようと考えるようになります。そうして満足⇒紹介⇒満足の好循環が生まれるようになり、利用者へは常にベストなサービスが届けられ、事業所は利用者の引き合いが途絶えることのない状況になるのです。

　地域包括ケアシステムの中にあって、常に必要とされ続ける事業所、サービスとなるための仕組みとはこのような好循環を作り上げることにあり、そのためにも営業活動に取り組むことが介護事業所にとって重要になるのです。

3）介護サービスに求められる質

　介護事業所における土台、根本をなすものはサービスの質そのものであり、かつ顧客に選ばれるサービスであるためには、顧客（お年寄り）のニーズを正しく理解し、その事前期待を上回るという顧客満足度の考え方を取り入れる必要があることがわかりました。では、顧客の期待を上回るサービスとは、どのようなものなのでしょうか。

　介護事業所における事例として、自事業所の特色に「質の高いサービス」を掲げていることが多く見られます。その場合、先方の管理者・担当者に「質の高いサービスとはどのようなものですか」と質問を投げかけると、「クリスマスや夏祭りなど季節の催しごとに力を入れています」「イベント食でお寿司を出しています」「外出イベントを毎月組んでいます」という答えが返ってくることが多くあります。

　確かに、そういったイベントごとも重要なサービスのひとつで、ニーズとして望んでおられる方が多いことは事実でしょう。しかし、これらイベントの企画自体が前面に押し出されているのを見た時、「本当にケアの本質を押さえたうえでのイベントなのだろうか」と一抹の不安を覚えることがあります。なぜなら、こういった質の高い企画が普及しきっているように見えるにもかかわらず、介護事業所などから「介護技術のレベルがバラバラで不安がある」

という相談を受けることも多くあるからです。

　下記の図6-2はマズローの五段階欲求を高齢者の状態に当てはめ図で示したものです。図に示した通り人間の欲求には段階があり、通常は低次の欲求から順にしか満たされていくことはありません。つまり、痛い、辛い、空腹だ、身の安全が保障されていないなどの状況を飛び越えて、尊厳や自己実現の充足に意識が向かうことはあり得ないというのがこの理論の考え方です。この考え方は、実は低次の欲求が必ずしも満たされているとは限らない介護の現場でこそ、常に振り返らねばならないひとつの基準であると言えるのです。

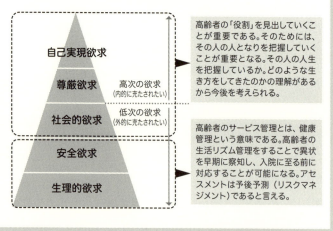

図6-2　マズローの5段階の欲求：安全欲求・生理的欲求を満たすためのサービスレベルを高める

図6-2では、介護の現場に置き換えてみるにはわかりにくい部分がありますので、わかりやすく書き換えたものが、図6-3になります。

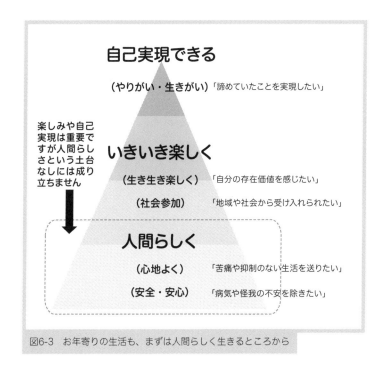

図6-3　お年寄りの生活も、まずは人間らしく生きるところから

お年寄りの生活を考えた時に、根本的な「人間らしく」の部分、苦痛や抑制がなく、病気や怪我の不安のない最低限度の生活がしっかりと保障されていて初めて、その次の段階である「楽しみ」に繋がり、その先の「自己実現」へと続いていくのです。これらは、マズローの五段階欲求を基礎としているので、決して途中を飛び越えていくことはありません。つまり、お年寄りは人間らしさが

叶えられるという当たり前の生活が叶えられていなければ、その先の「イベントを楽しむ」という状況にはなりえないと言えるのです。皆様の周りに、重度の要介護の方で、ただただ参加するだけという体でイベントに引っ張り出されているお年寄りはいませんか。

　これらは、高額な費用を頂戴している介護付き有料老人ホームなどが特に陥りやすい部分だと言えるかもしれません。高額な費用をいただいているからこそ、前にも述べたようにまずサービスの質を高めていくという考え方が必要です。しかもサービスの質をイベントや催し物を前面に押し出したものではなく、日常的なケアの大切さを十分に認識し、ケアプランを重視して日々のやるべきことを高水準のケアで取り組むという姿勢が必要なのです。

4) 営業活動は地域福祉を支える重要な活動

　介護事業の経営者、管理者の悩みの種としてよく聞かれる言葉が、「営業活動は行いたいが、職員が忙しくて営業に回れるだけの時間がない」です。営業を行う手法を学んだとしても、実践する人間がおらず、今の自事業所において営業手法を学ぶことは時期尚早である、無駄な機会であるという考え方に繋がっているようです。しかし、そのように述べられた事業所が、その後さらに1名、2名の職員採用が叶ったとして「では営業活動に人を当てましょう」となった例は、決して多くないように感じられます。なぜでしょうか。

　その答えは明白です。要するに、介護事業所にあって、介護サービスの方が営業活動よりも優先順位が高く、介護サービスがすべて済んで空いた時間ができなければ営業活動が行えないと理解されているからです。そしてそのような事業所ほど、営業を行わないがゆえに自事業所の介護サービスの本質を捉え、外に伝えようとする機会を失い、自分たちが行うべき介護サービスの範囲を見失い、利用者の訴えるままに介護を行い、自由度が下がり、介護が増えて営業時間を確保できないという悪循環に陥ってしまっています。

　目の前のお年寄りに提供する介護サービスが営業活動より優先順位が高い。それは果たして本質なのでしょうか。

少し話は逸れますが、介護事業所の職員、特に新卒から介護事業所や医療機関に勤めている方にとって、営業という言葉には一定の拒否感がないでしょうか。介護の仕事は、初任給は処遇改善加算なども含めればかなり詰まってきているようですが、未だもって生涯賃金という面で一般の企業のそれに水を空けられています。新卒から介護職員を目指している方の大半は「社会貢献がしたい」「お年寄りと接する時間が楽しい」といった思いに支えられているか、成果や競争、予算や実績といった概念が苦手分野であるという消去法的選択で進んできた方（もしくはその両方）で占められているように感じられます。いわば、一般的な会社環境を望まない方々にとって、営業活動は最も望まれない仕事のひとつといっても過言ではないでしょう。

そこに加えて、介護事業が社会福祉であるという側面も手伝い、儲け・利益という言葉が介護には相応しくないという論法につながり、介護職員の苦手な営業をしない口実として育っていったのが現在の状況であると言えるのではないでしょうか。

しかし、ここまででも触れてきたように、営業活動を行うことは、介護保険の意義としても、地域包括ケアシステムを成功させるためにも、非常に重要な役割を担っていると言えるのです。

介護保険の導入は2000年、措置から契約へ、横並びのサービスから利用者の選択へという目的のもとで開始されました。それまでは行政がサービスを選択し、価格競争も切磋琢磨もない中で社会保障費ばかりが膨れ上がり、いずれ財政が破綻するという危機感が生んだ制度であると言い換えることもできるのです。

すなわち、介護保険の大原則は競争であり、差別化であり、生き残る者と淘汰される者が生じることが根幹にあると言えるので

す。これが、介護保険下にあっても事業者ごとが横並びで、護送船団方式のように足並みをそろえて助け合うという仕組みになってしまっては、制度を変えた意義が全くありません。

　営業活動とは、事業所ごとの差別化を生み、競争の原理を取り入れて介護サービスそのものの底上げを担い、なおかつ日本の財政状況の悪化を防ぐための重要な取り組みなのです。

　また、地域包括ケアシステムにあっても、営業活動は重要です。地域包括ケアシステムで重要なことは、お年寄りにとって本当に必要なサービスだけを選択でき、必要な量だけが提供されるようになることです。お年寄りにとって不要なサービスまでも強いられ、心身ともに自立できない状況になっていくことを未然に防ぐことが求められています。そして、地域包括ケアシステムを実現させるために必要なことは、必要とされる社会資源が地域のどこにあるかという「場所」、お年寄りにとって本当に必要なサービスであるのかという判断材料にもなる「内容」といった情報こそが、最も重要であると言えるのです。

　お年寄りの自立した生活を支える重要な情報は、お年寄り自身どころか、その方のケアを管理するケアマネジャーであっても、網羅しているというには程遠い状況にあります。それは当事者の努力不足というものではなく、発信されていない情報や整理されていない情報などが多く入手のしようがないのです。つまり、介護サービスの提供を担う事業者側が情報を整理し、発信していかなければ、お年寄りは情報不足から選択肢を狭め、不利益をこうむる形になってしまうのです。この不利益とは、自立支援を妨げられ、心身の状況を悪化させるというお年寄りにとっての最悪の事態であるといえます。

これでもなお、営業活動は、介護サービスよりも優先順位が低いと言えるでしょうか。介護現場の職員が「営業活動を行っている間に、施設のご利用者に何かあったらどうするのですか」と言うかもしれません。しかし、営業を行わないことにより介護事業者のサービスを知ることができず、本来叶うべきニーズが叶わずに自立度が下がり続けても良いということにはならない筈です。むしろ、今介護事業者のサービスを利用できているお年寄りのほうが何倍も幸運で、いわば「何とでもなる」状況にあるといえます。情報不足からサービスに出会えていないお年寄りのほうが、「どうにもならない」状況にあると考えるほうが自然なのではないでしょうか。

　つまり地域の社会福祉にとって、営業活動は事業所で行われている介護サービスと同等の重要性があり、どちらも欠かすことのできない介護事業者の使命であると言えるのです。

5）地域における信頼関係の第一歩とは

　前項で営業活動が地域のため、お年寄りのためになるという大前提に、競争の原理があることを述べましたが、それは事業所同士が対立し、孤立し、自事業所の利益のみに走ることが良いということではありません。地域のため、お年寄りのため、良いサービスが選ばれ不要なサービスは淘汰されますが、良いサービス同士ではお互いが良いところを持ち寄り、ピンポイントで必要なサービスが提供される地域包括ケアシステムを形成する強固な連携ができていなければならないのです。

　例えば、機能訓練特化型の通所介護で、短時間サービス、入浴なし、食事なしで運営されているところも多くありますが、利用者（多くは家族）からは「入浴があればもっと良かった」という声が多く聞かれるようです。これは、自事業所のことを高く評価していただけているという点では大変嬉しい言葉ですが、地域包括ケアシステムの中にあっては次のような問題をはらんでいることになります。

1．ケアマネジャーが、適切な入浴サービスについてマネジメントできていない
2．入浴特化型の通所介護など、適切なサービスが地域にない、もしくは知られていない

3．機能訓練特化型の通所介護側も、自事業所で解決できない
　サービスに対して、適切に案内できる先などの答えを持って
　いない

　ケアマネジャーのマネジメントについては、利用者自身の詳細なアセスメントからではなく、テンプレートでサービスを組み合わせているという事例も多く、適切なサービスの選択ができていない場合もあります。本件のような機能訓練（もしくはリハビリ）と入浴の関連性で言えば、「入浴が週2回必要なので、機能訓練も週2回に合わせて、通所介護の中で補おう」というような発想がそれに当たります。

　本来であれば、入浴と機能訓練は全く別個のニーズがあり、回数が重なるという例はまれなはずです。入浴サービスと機能訓練サービスというサービス内容についても同様で、どちらも利用者にマッチしたサービスが提供できているという優れた事業所があること自体がまれなはずです。特に本例のように機能訓練特化型のサービスで十分満足をいただけているのであれば、入浴サービスについても同様の満足が得られるような、別の専門特化のサービスをマネジメントしていかなければならないはずです。

　そのような意味では、これだけ事業所過多と言われ続けている通所介護にあっても、まだまだ求められているサービスはありますし、もしくはあっても知られていないのであれば、営業活動の必要性が改めて問われる事例になります。そして本例で言えば機能訓練特化型の通所介護にあっても、「自分たちは機能訓練が主のサービスだから、他のサービスの事は知りません」という立場ではいけません。入浴が必要という要望があることに気付いてい

るのであれば「入浴サービスなら〇〇さんの所に行くと良いですよ」といった案内ができるように準備をする、あるいは独自の連携網を作っておくなど、同種のサービス同士であっても情報を共有し、連携しあう関係性を作っておくことが求められるのです。

そしてそれこそが、地域包括ケアシステムにおいて求められる介護サービスの姿であるはずなのです。

介護サービス同士の連携を深めようと考えた際に、当然必要となるのは情報です。地域にはどのような社会資源があり、それぞれにどのような特色があるのかという情報を掴んでおかなければなりません。さらに自事業所のサービスとの親和性の高そうなサービスについては、直接訪問をするなどして連携強化の取り組みをすることも重要でしょう。まず地域の社会資源を知るところから始めなければなりません

地域の社会資源を知ることができれば、本題である営業活動においても違った展開に繋がります。つまり、紹介窓口へ営業訪問に行った際、自事業所で解決することのできないニーズの話題が上がった時に、「それでしたら〇〇さんのところが良いと思いますので、紹介いたしましょうか」と声をかけられるようになります。

生活で困ったお年寄りのケースを抱える紹介者にとって、自分の時間を割いて探し回らなければならない情報を提供してもらえることのありがたみは非常に大きいはずです。それがまして、困難事例など紹介先が限定されるようなケースであればあるほど、一日も早い解決に繋がる情報は何よりの宝となるのです。

地域包括ケアシステム内では特に、このような営業ができるのは非常に大きいことです。サービスの組み合わせも含めて、あそ

1 地域に必要とされる事業所となる

この事業所に相談すれば親身になって考えてくれる、解決の道を示してくれるといった印象を持ってもらえれば、必ず「次も相談してみよう」「紹介してみよう」という気持ちになっていただけるはずなのです。そうして実際にサービスに満足してもらえれば、お年寄りを紹介してもらえる好循環をより強固なものにできるのです。

　つまり、地域における信頼関係を作り、紹介してもらえる先を作ることは、自事業所だけでは解決できない問題を解決しようという意思の下で、地域包括ケアシステムを理解してそれを構成する社会資源を知ろうとする姿勢から始まるのです。

2 営業力が強化されるために必要な考え方

ポイント

- ●今よりさらに一歩、営業成果の上がる仕組みとは何かを考えましょう

- ●営業成果を高めるために専門職の配置を検討しましょう

- ●チーム全体で一丸となって営業に取り組む姿勢を持ちましょう

1）営業専門職を配置する

　介護事業所における営業活動は誰が行うのでしょうか。施設管理者、相談員、ケアマネジャー、場合によっては経営者自身が行っていると耳にします。いずれにせよ、営業活動を行うにあたって

は、事業の規模にもよりますが、基本的には営業活動の専任として取り組まれることが望ましいと言えます。

その理由は以下の通りです。

①介護現場の業務に従事している職員の印象として、営業の仕事が介護現場の仕事よりも優先順位が低いと認識されていることが多く、現場業務との兼務を行っていると大抵営業活動は後回しにされてしまう。
②間接営業の基本である窓口訪問の業務は、定期的かつ継続的にフォローを行うことが肝であり、専門職でなければ行うことが難しい。
③介護現場の業務に従事している職員は、営業の仕事に対するアレルギー反応が過敏な傾向が強く、兼務であれば特に営業の側に情熱を傾けてもらえないことが多い。そのため、同じ時間をかけても専任に比べて成果が上がりにくい。
④介護サービスの利用を検討しているお年寄り（家族）は、ギリギリまでサービスの利用を控えているケースが多く、いざ必要となった際にはタイミングと対応スピードが求められる。そのため兼務では迅速な対応ができず、機会の喪失に繋がりやすい。

2）チーム全体の役割分担意識をもつ

　事業所の稼働率向上や経営改善の取り組みを進めるにあたって、営業の成果が出ない、計画通りに営業活動が実施できないといった課題に直面することは珍しいことではありません。その原因には様々な要素があり、営業活動に対するノウハウ不足もそのひとつでしょう。しかし、これらの課題に対して言えば、最も大きな原因として、事業所全体における営業への理解、協力体制が不足していることがあげられます。

　事業所全体、特に介護現場の職員に、介護事業所が営業活動を行う意義、必要性が伝わっていない場合、事業所の稼働率向上、営業活動推進を阻害する以下のような症状が出てくることになります。

①営業担当者が営業活動に出られない

　前項で営業専門職の配置が推奨されることを述べましたが、現実問題としては難しい事業所の方が多いことでしょう。小規模事業所であれば、相談員は兼務で介護現場に入るどころか、丸々介護要員としてあてにされているところもあるようです。

　もちろん、介護現場がどうしても回らず、やむを得ない事情で相談員などの営業担当者が現場に入らなければならない場合もあ

ります。しかし、基本的に介護の現場には人員の充足という言葉はありません。突き詰めれば利用者がしてほしいことはいくらでもありますし、できる限り応えていきたいのが介護職員としての心情です。それをぐっと堪え、限りある人的資源を優先順位の高いところから分配することで、お年寄りの身の回りの世話という本来高額なサービスをできるだけ安価に提供しようという仕組みが介護と介護保険ですので、人員配置基準を下回らない限りは、そこにいる人員の中でできることからしていかなければなりません。つまり営業担当者がいないならいないなりのサービスを提供しなければならないのが、介護現場の使命であるはずなのです。

では、現実問題としてなぜそれができないのでしょうか。その原因のひとつに、営業という仕事の理解不足、つまり優先順位の低い仕事であるという認識が根底に流れていることがあります（P253参照）。要するに介護職員が営業の本当の意義を理解し、地域のお年寄りの生活を支えるためにと気持ちよく営業担当者を外に送り出してくれるような職場を作っていかなければ、永遠に営業担当者は介護現場から離れることはできなくなってしまうのです。

②介護現場と営業担当者との対立が生じる

営業担当者をうまく介護現場から離し、営業活動に従事させることができたとしても、その中で生じる問題もあります。介護現場と営業担当者（もしくは事務所）との対立です。

簡単に言うと、介護現場は「現場のことも分からずに難しいご利用者を簡単に送り込んでくる」と、営業担当者は「一人のご利

用者を連れてくるのにどれほどの苦労があると思っているのか。なのに簡単に断ったり、嫌がったりするとはどういうことか」というような対立が生じやすいのです。これは、お互いがお互いの仕事の無理解、リスペクトが不足しているために生じていることですが、介護現場の意義や大変さについては普段の業務から学び直すことができても、営業の意義についてはきちんと学習する機会を持たなければ、浸透していきません。

このような対立を放置しておくと、介護現場の受け入れ拒否という事態にまで発展する危険性があります。

③介護現場による営業活動ができない

介護現場の職員にとっても、営業活動とは無関係ではいられません。いくら効果的な営業活動を行ったとしても、受け入れがされなければ稼働率は上がりません。事業所の強みが何になるかは、現場のサービス次第です。見学からクロージングという重要な課程の鍵を握るのは介護現場です。そしてなにより、1件目の紹介に対する手厚いフォロー、良いサービスを提供し良い報告をすることが、その後の利用者紹介の好循環の入り口となるので、良い営業活動は介護現場次第といっても過言ではないのです。

このように、介護現場の職員の協力なくしては、効果的な営業活動が行えないことがお分かりかと思います。では、どのようにすれば、営業活動の意義が介護現場に浸透するようになるのでしょうか。

伝えるべき営業活動の意義については、本書の中で繰り返し述

べていますので、その内容を活用するとして、ここで必要な考え方とは、お互いの役割分担意識なのではないでしょうか。

　介護の現場においてどうしても忘れられがちになっているのが、介護とはチームプレイであるという感覚なのだと思います。これは、頭では分かっていても、体感としてはそうなりません。ローテーションなのでチーム員が多くても現場に一人という状況は珍しくないうえ、身体介護に入ってしまえばますます1対1の状況になるなど、介護職員がオールマイティにならざるを得ないのが現状だからと考えられます。

　チームとは、様々な長所短所を持つ者が集まり、それぞれの長所を生かした働き方をし合うことで、短所をカバーして余りある、個人で行う仕事に対して何倍もの成果を上げることができる仕組みのことを指します。つまり、チームには様々な役割があり、それぞれが異なる能力を生かして使命を果たすことに対し、周りがそれをカバーすることで成り立っていることを理解すれば、意義のある営業活動を行おうという立場の者には、対立ではなく協力により成果を出すことの重要性が理解できるようになるのではないでしょうか。

　理想的な形は、「地域のお年寄りのために、あなた（営業担当者）はこのサービスの良さを外にしっかりと伝えてきてください。私たちは中（事業所）にいて、ご利用者のことをしっかり守っていますので、安心して行ってきてください」という意識が現場に浸透することです。それは、きちんと伝えれば相手に伝わるものです。しっかりと、そのような機会を持つようにしてください。

おわりに

　本書を企画するにあたり、執筆を担当した弊社介護福祉コンサルティング部のメンバー間で認識を改めたことがあります。それは、本書を通じて最終的に伝えたいこととは、お年寄りを笑顔にすることだということです。

　私たち経営コンサルタントは、経営者の方と向き合って仕事をしています。当然、経営者の利益を最大限にするために、日々知恵を絞っている立場にあります。しかし同時に、正々堂々、正しい考えの下で行われる経営を支援する立場であることを真っ直ぐに掲げ、誤った考えや手段に気付いた時には厳しく諫めることもできるコンサルタントであることを誇りにしてきました。つまり、経営者へのお役立ちを通じて組織の、そしてその先にいる従業員や利用者・地域のお年寄りへのお役立ちをしていくことが、私たちの役割であり使命だということを誇りにしてきたのです。

　本書の企画について、出版社の方と打合せをした際、同様のテーマの書籍は意外にも少ないということを伺いました。その本当の理由は分かりませんが、想像できることはあります。「営業」というテーマは、多くの介護事業所にとって直面する課題ではありますが、利益優先のイメージが根底にあり、経営者や責任者の方には響いても、まだまだ介護の現場で社会福祉事業に従事する方々までは届かないと思われているのではないでしょうか。

　しかし、本書にも記載しましたように、営業活動とは、地域で

お困りのお年寄りに適切なサービスを届ける活動です。介護職員にとっては、お年寄りに良いサービスを準備するのも責務であれば、それを必要な方に提供することも責務なのです。

　経営者と、経営者が向き合っている職員やお年寄り、双方へのお役立ちを追求してきた私たちにとって、このような「営業」の本質を理解することは当たり前であり、それを必要な方に伝えていくことは得意なことでした。であれば、今までは伝えることが難しいと思われていたこのテーマも、私たちであれば本質をぶれさせずに伝えきることができるのではなかろうか。経営者がお年寄りのために職員に伝えたいと思っていたことを、代弁することができるのではなかろうか。そのような思いが、本書の企画の原点だったのです。

　本書を手に取っていただいた皆様には、まずは一冊の読み物として楽しんでいただけたら嬉しいですが、その先にお年寄りへのお役立ちの思いが伝わり、そのために取り組む営業活動の楽しさが伝わり、共感いただけたら、この上ない喜びと思っております。

　　　　　2018年5月
　　　　　株式会社日本経営　介護福祉コンサルティング部

株式会社日本経営 介護福祉コンサルティング部

　株式会社日本経営は「医療機関・介護福祉施設が安定かつ永続的に運営できるようにサポートする」ことを使命とし、ヘルスケア領域における経営支援を事業の中心に位置づけているトータルマネジメントカンパニーである。医療機関・介護福祉施設における従来からの経営支援事業を中心に、戦略策定から、情報配信にいたるまで、経営をトータルにカバーできる事業展開を通じた新しい価値創造を行うためさまざまなサービスを展開している。

　介護福祉コンサルティング部は、同社における介護福祉分野の経営支援に特化した専門家チームである。介護福祉事業経営における執行管理の仕組みを「事業」「組織」「人材」「地域」「財務」の5つに分類し、その全ての視点に基づいて経営課題をともに考え、改善策を提案・実行し、組織を変えていくパートナーとして、現場実践型のコンサルティングを提供すること通じて、介護福祉事業者の経営をサポートしている。

大阪本社
〒561-8510 大阪府豊中市寺内2-13-3 日本経営ビル
TEL : 06-6868-1158（代）
FAX : 06-6865-0389

東京支社
〒140-0002 東京都品川区東品川2-2-20　天王洲郵船ビル22F
TEL : 03-5781-0600
FAX : 03-5781-0599

福岡オフィス
〒812-0013 福岡県福岡市博多区博多駅東1-11-5 アサコ博多ビル7F
TEL : 092-409-4466
FAX : 092-409-4588

日本経営ホームページ
https://nkgr.co.jp/

激動の変革時代を生き抜くための
介護事業所における営業力強化マニュアル

2018年5月28日　初版第1刷発行

著　　者　　株式会社日本経営 介護福祉コンサルティング部

発 行 人　　平井 昌俊
発 行 所　　株式会社日本経営
発 売 所　　株式会社出版文化社
　　　　　　〈東京本部〉
　　　　　　〒101-0051　東京都千代田区神田神保町2-20-2 ワカヤギビル2階
　　　　　　　TEL：03-3264-8811（代）　FAX：03-3264-8832
　　　　　　〈大阪本部〉
　　　　　　〒541-0056　大阪府大阪市中央区久太郎町3-4-30 船場グランドビル8階
　　　　　　　TEL：06-4704-4700（代）　FAX：06-4704-4707
　　　　　　〈名古屋支社〉
　　　　　　〒454-0011　愛知県名古屋市中川区山王2-6-18　リバーサイドステージ山王2階
　　　　　　　TEL：052-990-9090（代）　FAX：052-324-0660
　　　　　　〈受注センター〉
　　　　　　　TEL：03-3264-8825　FAX：03-3239-2565
　　　　　　　E-mail：book@shuppanbunka.com
印刷・製本　　中央精版印刷株式会社

©NIHONKEIEI　2018　Printed in Japan
ISBN978-4-88338-639-0　C0034

乱丁・落丁はお取り替えいたします。出版文化社受注センターにご連絡ください。
本書の無断複製・転載を禁じます。許諾については、出版文化社東京本部までお問い合わせください。
定価はカバーに表示してあります。
出版文化社の会社概要および出版目録はウェブサイトで公開しております。
また書籍の注文も承っております。→ http://www.shuppanbunka.com/
郵便振替番号 00150-7-353651